Le:
German
Level 1,

Welcome to the Lexis Rex German Crossword series, specially created for new and intermediate German language students.

Each volume has 125 crosswords to keep you practiced in German vocabulary, all of the clues are given in English. We have chosen the words from a set of the most common German words at the various levels, words you will find very useful to know as you build your German mastery. For Level 1 crosswords there are over 1000 words to learn and know.

Some notes about the clues: For verb conjugations, we give the personal pronoun in parenthesis in the English clue to indicate the inflection of the answer. There may be some ambiguity, for example with the English *you*, which may stand for the formal, informal, singular or plural second-person pronouns in German. For the verb tenses, we have limited the modes to the indicative present, past and future. There are also German phrases (the clue will show the number of letters in each word of the phrase) and plurals.

We hope you enjoy our crosswords, a great way to challenge your German knowledge and discover new words.

Published by Lexis Rex Language Books
Brisbane, Australia
books@lexisrex.com

Copyright © Lexis Rex 2016.

ISBN 978-1-925561-01-2

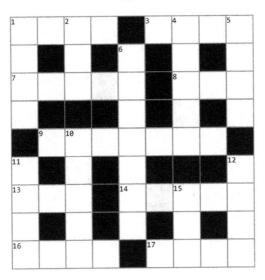

Across
1. lion
3. skin
7. watches
8. day
9. unable
13. ice
14. always; ever
16. sea
17. me; myself

Down
1. loud; noisy
2. we
4. abbey
5. days
6. idle
10. nuts
11. helmet
12. early
15. May

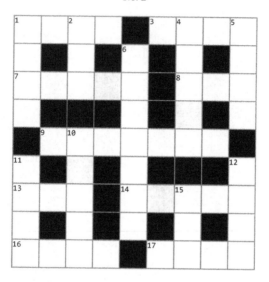

Across
1. case; fall
3. hole
7. seal
8. door
9. examination
13. marriage
14. corners
16. sea
17. without

Down
1. fern
2. praise
4. east
5. (I) hear
6. sigh
10. giant
11. germ
12. duck
15. cow

No. 3

Across

1. part; portion
3. (I) see
7. us
8. gesture
9. to blind
13. wise
15. bus
16. maniac
17. bright; pale

Down

1. tour
2. island
4. ice
5. disgust
6. agents
10. pea
11. two
12. ass
14. her; their

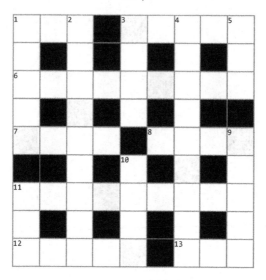

Across

1. guy
3. bucket
6. natural
7. one
8. young
11. newspapers
12. help; aid
13. never

Down

1. ink
2. potential
3. honor
4. opinions
5. raw
9. lanes
10. owl
11. toe

No. 5

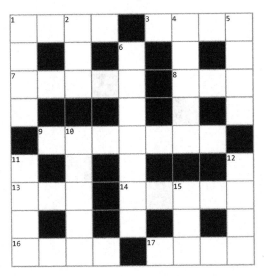

Across

1. pants
3. coffin
7. stone
8. red
9. form
13. off
14. prime
16. gold
17. stove

Down

1. hatred
2. lake
4. April
5. god
6. rise
10. angel
11. eternal
12. shirt
15. they; she

No. 6

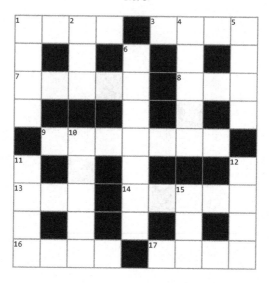

Across

1. those
3. ten
7. to sew
8. new
9. tail
13. *(I)* do
14. rooms
16. rust
17. idea

Down

1. young
2. close; near
4. to level
5. nine
6. answer
10. bosses
11. stubborn
12. regret
15. and

No. 7

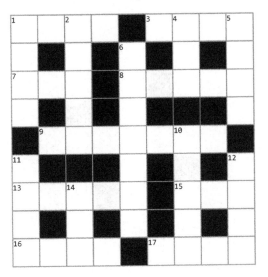

Across
1. rate
3. money
7. watch; clock
8. stone
9. to pant
13. cars
15. shark
16. hero
17. fairies

Down
1. room
2. cake
4. marriage
5. then
6. bye
10. wages
11. roof
12. chin
14. valley

No. 8

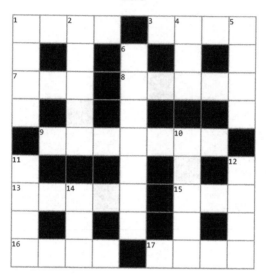

Across
1. full
3. pier
7. an
8. fireplace
9. hairy
13. ferry
15. to do
16. note
17. witch

Down
1. four
2. countries
4. him
5. ring
6. slaves
10. crack
11. oven; stove
12. knee
14. *(he)* has

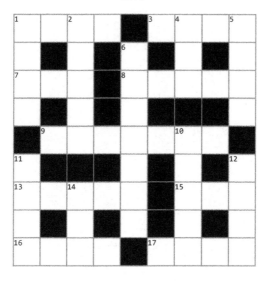

Across

1. vein
3. full
7. narrow
8. bend
9. alcohol
13. coin
15. cow
16. note
17. hallway

Down

1. much
2. nail
4. ear
5. dear
6. October
10. uncle
11. omen
12. rather
14. want

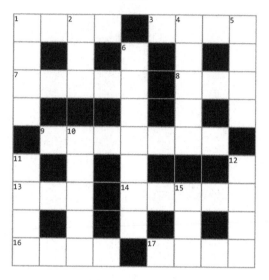

Across

1. rock
3. couple; pair
7. pea
8. ace
9. plum
13. ice
14. bucket
16. tooth
17. poison

Down

1. free; vacant
2. praise
4. alarm
5. pink
6. to paint
10. fish
11. heart
12. doctor
15. May

No. 11

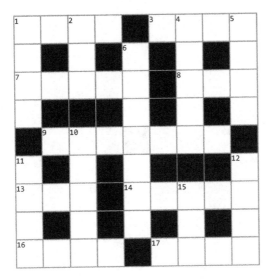

Across

1. very
3. yellow
7. spouse
8. advice
9. turn
13. bus
14. local
16. dance
17. without

Down

1. (I) say
2. hat
4. to honor
5. bed
6. to pant
10. lawn
11. fruit
12. each; everyone
15. cow

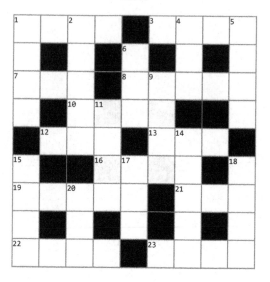

Across
1. shirt
3. misfortune
7. they; she
8. to eat
10. days
12. who
13. shark
16. sea
19. hanger
21. door
22. note
23. duck

Down
1. hatred
2. rent
4. ice
5. hand
6. way
9. *(I)* see
11. arms
14. kinds
15. up
17. eleven
18. ground; earth
20. well; good

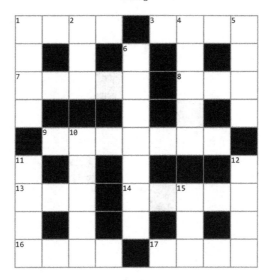

Across
1. hair
3. nerve
7. nephew
8. bus
9. theater
13. deer
14. nuts
16. shore
17. hot

Down
1. dog
2. open; upon
4. pea
5. vase
6. known; familiar
10. cave
11. gray
12. white
15. lake

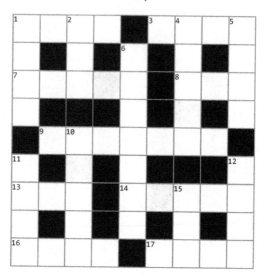

Across

1. rooster
3. yet; nor
7. page; side
8. guy
9. along
13. how
14. forehead
16. greed
17. honor

Down

1. *(you)* have
2. shark
4. east
5. horn
6. loss
10. kidney
11. eternal
12. end; finish
15. I

No. 15

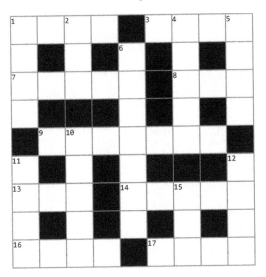

Across

1. knee
3. loud; noisy
7. madman
8. to do
9. right; proper
13. of
14. nephew
16. helmet
17. hero

Down

1. germ
2. her; their
4. abbey
5. tank
6. turn
10. island
11. toward
12. field
15. fairy

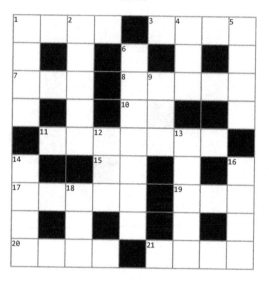

Across

1. goal
3. across; above
7. him
8. *(you)* know
10. in; into
11. to excite
15. whether
17. route
19. never
20. *(I)* hear
21. stubborn

Down

1. time
2. bucket
4. by
5. rate
6. onion
9. narrow
12. red
13. serious; seriously
14. early
16. sea
18. watch; clock

No. 17

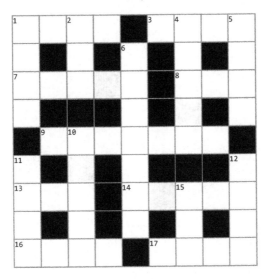

Across
1. tree
3. green
7. index
8. valley
9. to play
13. pure
14. ink
16. animal; beast
17. tower

Down
1. leg
2. and
4. crack
5. zero
6. expert
10. pearl
11. late
12. helmet
15. new

No. 18

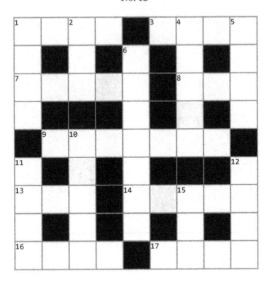

Across

1. goodness
3. four
7. topic
8. an
9. to pant
13. us
14. April
16. greed
17. owl

Down

1. god
2. tea
4. ideal
5. ring
6. aware
10. prime
11. castle
12. each; everyone
15. rough

No. 19

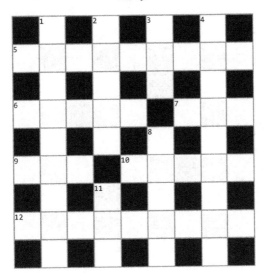

Across
5. to understand
6. expensive
7. with
9. gate
10. seal
12. to insert

Down
1. ceremony
2. to eat
3. deer
4. lover
8. words
11. branch

No. 20

Across

1. rest; peace
3. house
7. hat
8. ladies
9. flies
13. slap
15. wheel
16. air
17. duck

Down

1. fame
2. hotel
4. arm
5. sand
6. address
10. to honor
11. disgust
12. idea
14. open; upon

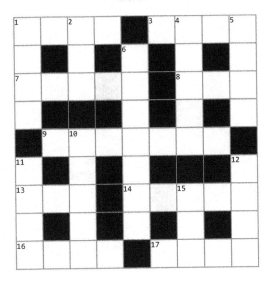

Across

1. oasis
3. (I) have
7. (he) sees
8. marriage
9. tray
13. we
14. pea
16. yellow
17. crane

Down

1. fruit
2. lake
4. agent
5. ass
6. to place
10. April
11. eternal
12. nine
15. bear

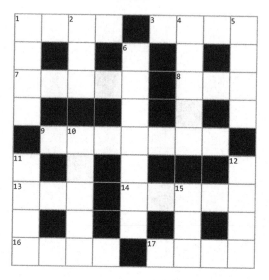

Across

1. bed
3. stove
7. nun
8. whom
9. sailor
13. whale
14. to shout; to call
16. maniac
17. those

Down

1. bench; bank
2. to do
4. something
5. lady
6. several
10. eagle
11. two
12. knee
15. fairy

No. 23

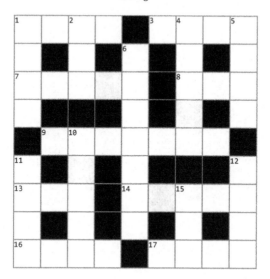

Across

1. doctor
3. mouse
7. to sweep
8. valley
9. sailor
13. narrow
14. pea
16. case; fall
17. himself; themselves

Down

1. monkey
2. train
4. cars
5. salt
6. to growl
10. hinge
11. mustard
12. misfortune
15. by

No. 24

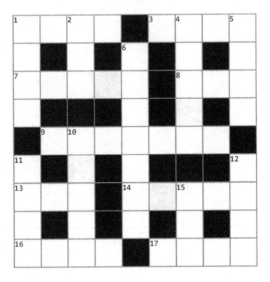

Across
1. (you) see
3. shirt
7. rich
8. of
9. step
13. marriage
14. role
16. vase
17. up

Down
1. coffin
2. shark
4. exact
5. that
6. surgeon
10. bosses
11. nerve
12. ten
15. praise

No. 25

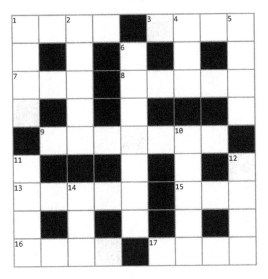

Across

1. here
3. four
7. ace
8. doors
9. suffering
13. below; downstairs
15. raw
16. empty
17. witch

Down

1. hair
2. prime
4. her; their
5. round
6. student
10. scar
11. zero
12. without
14. tea

No. 26

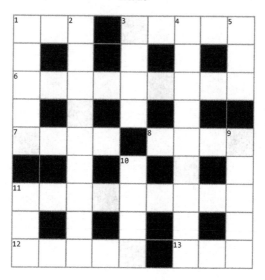

Across

1. never
3. to have
6. natural
7. even
8. or
11. continent
12. honey
13. *(I)* do

Down

1. nun
2. to remove
3. heart
4. blindness
5. close; near
9. crack
10. ring
11. cow

Across
1. July
3. case; fall
7. never
8. to eat
9. phone
13. pope
15. death
16. tower
17. end; finish

Down
1. June
2. love
4. ace
5. land
6. already
10. east
11. late
12. idea
14. pure

No. 28

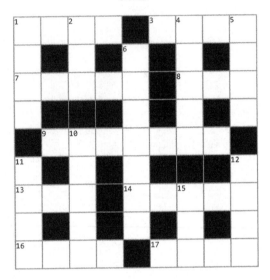

Across

1. tour
3. tent
7. nuts
8. May
9. to steer
13. bear
14. string
16. deep; deeply
17. rather

Down

1. tones
2. us
4. bucket
5. part; portion
6. *(have)* known
10. towers
11. fruit
12. sea
15. I

No. 29

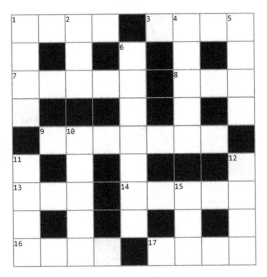

Across
1. goodness
3. dear
7. nail
8. red
9. to relax
13. gate
14. doors
16. edge
17. rest; peace

Down
1. whole; quite
2. day
4. madman
5. bed
6. posters
10. ears
11. stubborn
12. duck
15. rough

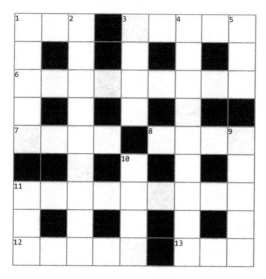

Across

1. until; till
3. bet
6. divorce
7. himself; themselves
8. sieve
11. dining room
12. such
13. they; she

Down

1. base
2. fate; fortune
3. white
4. tourism
5. narrow
9. mountains
10. me; myself
11. ice

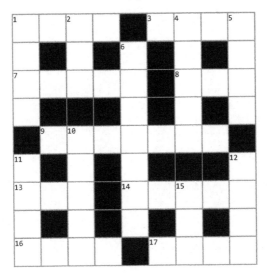

Across

1. hollow
3. wine
7. hotel
8. kind; sort
9. fruits
13. off
14. to eat
16. gold
17. those

Down

1. rooster
2. *(he)* has
4. exact
5. note
6. to curse
10. shelf
11. eternal
12. knee
15. lake

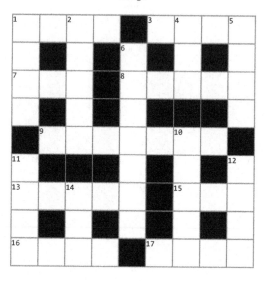

Across
1. plan
3. very
7. axe
8. wide
9. rise
13. coin
15. we
16. nine
17. branches

Down
1. couple; pair
2. kinds
4. marriage
5. rate
6. descent
10. something
11. omen
12. ground; earth
14. new

No. 33

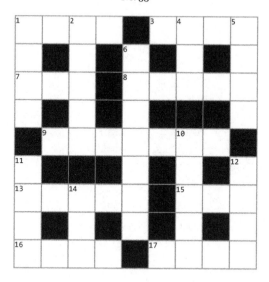

Across

1. mouse
3. young
7. hat
8. tool
9. limits
13. doctors
15. bear
16. echo
17. remainder

Down

1. more
2. under; among
4. watch; clock
5. god
6. agents
10. pea
11. cheese
12. bread
14. toe

No. 34

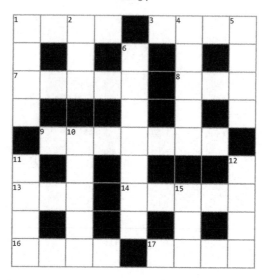

Across

1. tender
3. sofa; couch
7. wages
8. *(he)* does
9. examination
13. bath
14. corners
16. ring
17. without

Down

1. tent
2. deer
4. east
5. car
6. sigh
10. to talk
11. across; above
12. end; finish
15. cow

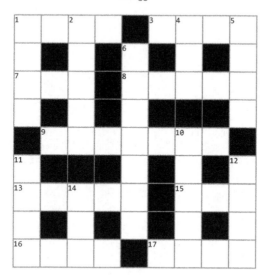

Across
1. corner
3. hero
7. close; near
8. winds
9. nearly
13. abbey
15. praise
16. shore
17. wage

Down
1. one
2. coal
4. an
5. three
6. twenty
10. hello; hi
11. canoe
12. to practice
14. (I) do

No. 36

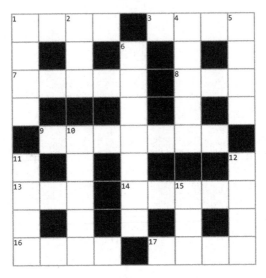

Across

1. tooth
3. thing
7. rich
8. with
9. surgeon
13. bear
14. beside
16. dance
17. idea

Down

1. tender
2. shark
4. always; ever
5. goodness
6. earring
10. to listen; to hear
11. fruit
12. duck
15. bath

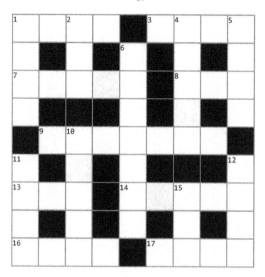

Across

1. blood
3. disgust
7. to read
8. valley
9. to flow
13. day
14. bucket
16. ring
17. me; myself

Down

1. soon
2. us
4. cat
5. purple
6. to brag
10. to lay
11. stubborn
12. early
15. May

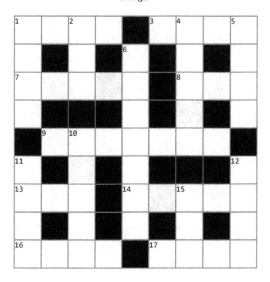

Across

1. mustard
3. air
7. *(I)* love
8. of
9. step
13. how
14. fork
16. guest
17. four

Down

1. salt
2. never
4. ancient
5. *(you)* do
6. *(have)* asked
10. bosses
11. eternal
12. hallway
15. by

No. 39

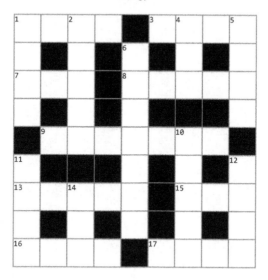

Across
1. *(he)* hears
3. shore
7. marriage
8. *(he)* sees
9. sixth
13. everything
15. guy
16. hub
17. doctor

Down
1. here
2. giant
4. fairy
5. rate
6. bye
10. killer
11. man
12. late
14. praise

No. 40

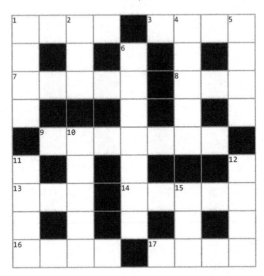

Across
1. hot
3. tooth
7. cave
8. *(he)* has
9. guard
13. off
14. grub
16. maniac
17. young

Down
1. height
2. I
4. axis
5. note
6. to pant
10. trouble; annoyance
11. two
12. mountain
15. rough

No. 41

Across

1. bright; pale
3. woman
7. bus
8. ferry
9. negative
13. alarm
15. raw
16. loose
17. arms

Down

1. (I) have
2. list
4. deer
5. shore
6. plum
10. madman
11. case; fall
12. without
14. ace

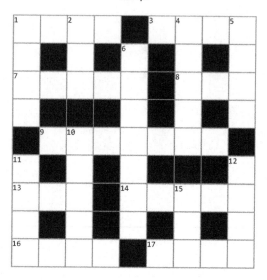

Across

1. sir
3. *(you)* see
7. *(I)* put
8. bear
9. fisherman
13. until; till
14. corners
16. zero
17. honor

Down

1. hatred
2. advice
4. pea
5. tower
6. corpses
10. island
11. up
12. end; finish
15. cow

No. 43

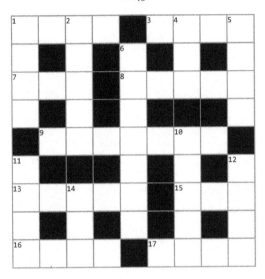

Across
1. my; mine
3. tour
7. wheel
8. through
9. expert
13. base
15. new
16. deep; deeply
17. rice

Down
1. murder
2. index
4. ear
5. fame
6. address
10. aunt
11. fruit
12. nut
14. lake

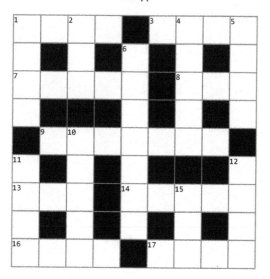

Across

1. very
3. pants
7. handle
8. well; good
9. examination
13. branch
14. prime
16. three
17. field

Down

1. (I) say
2. shark
4. organ
5. duck
6. pepper
10. crack
11. edge
12. stove
15. they; she

No. 45

Across

1. lane
3. idea
7. (I) love
8. wheel
9. ballet
13. red
14. soul
16. leg
17. part; portion

Down

1. money
2. never
4. thirst
5. ground; earth
6. loss
10. abbey
11. grave
12. bright; pale
15. marriage

No. 46

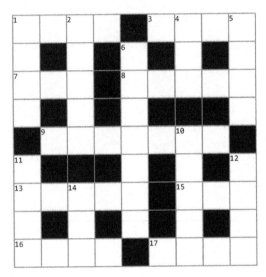

Across

1. moon
3. park
7. her; their
8. hotel
9. known; familiar
13. trap
15. to do
16. hub
17. maniac

Down

1. my; mine
2. scar
4. branch
5. calf
6. theater
10. nature
11. oven; stove
12. knee
14. praise

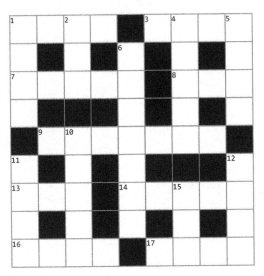

Across

1. goodness
3. wood
7. to listen; to hear
8. day
9. tail
13. tea
14. route
16. remainder
17. crane

Down

1. (I) go
2. door
4. east
5. trains
6. answer
10. bosses
11. stubborn
12. fairies
15. watch; clock

No. 48

Across

1. when
3. flour
7. raw
8. shelf
10. egg
11. *(have)* known
15. in; into
17. horse
19. ace
20. tank
21. disgust

Down

1. worm
2. *(I)* take
4. narrow
5. purple
6. friends
9. ice
12. we
13. strong
14. late
16. ass
18. an

No. 49

Across

1. horn
3. germ
7. madman
8. close; near
9. bracelet
13. I
14. corners
16. *(he)* says
17. without

Down

1. hot
2. pure
4. to level
5. more
6. problem
10. calm; quietly
11. one
12. end; finish
15. cow

No. 50

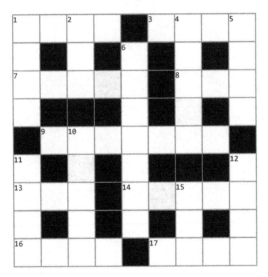

Across

1. park
3. himself; themselves
7. to see; to look
8. rough
9. bastard
13. old
14. pea
16. round
17. or

Down

1. mail
2. deer
4. madman
5. house
6. rise
10. kinds
11. hair
12. empty
15. bath

No. 51

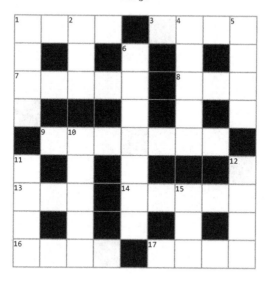

Across

1. rest; peace
3. mustard
7. movements
8. ace
9. fruits
13. us
14. pea
16. hand
17. ring

Down

1. tear
2. (he) has
4. exact
5. firm
6. sign; mark
10. lawn
11. too; also
12. mountain
15. by

No. 52

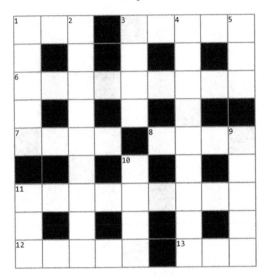

Across

1. marriage
3. floor; bottom
6. lie
7. yet; nor
8. comb
11. lover
12. tiger
13. want

Down

1. corners
2. impact
3. angry; evil
4. diamonds
5. never
9. market
10. very
11. well; good

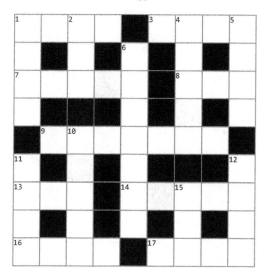

Across

1. lady
3. eye
7. still; quiet
8. *(I)* do
9. examination
13. want
14. kidney
16. even
17. world

Down

1. that
2. May
4. below; downstairs
5. rather
6. elephant
10. crack
11. duck
12. bed
15. marriage

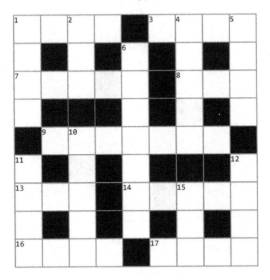

Across
1. sir
3. lead
7. please
8. watch; clock
9. theater
13. off
14. rich
16. gold
17. ground; earth

Down
1. (I) have
2. advice
4. people
5. maniac
6. hairy
10. hill
11. eternal
12. honor
15. her; their

No. 55

Across
1. bench; bank
3. sand
7. ace
8. east
9. sale
13. under; among
15. wheel
16. dance
17. knee

Down
1. blue
2. nuts
4. axe
5. then
6. to relax
10. watches
11. *(you)* do
12. idea
14. to do

No. 56

Across
1. rope
3. high
7. calm; quietly
8. cow
9. quickly
13. fairy
14. iron
16. nose
17. regret

Down
1. coffin
2. I
4. uncle
5. height
6. agents
10. bosses
11. oven; stove
12. end; finish
15. lake

No. 57

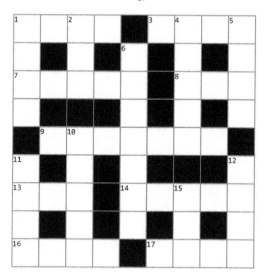

Across
1. poison
3. empty
7. stone
8. want
9. tray
13. deer
14. (I) take
16. here
17. himself; themselves

Down
1. guest
2. fairy
4. serious; seriously
5. rate
6. along
10. axis
11. early
12. misfortune
15. shark

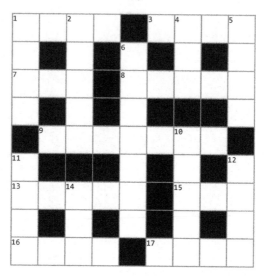

Across

1. *(you)* have
3. tree
7. red
8. bet
9. already
13. bee
15. guy
16. rust
17. bread

Down

1. *(I)* hear
2. movements
4. old
5. sea
6. onion
10. killer
11. across; above
12. late
14. ice

No. 59

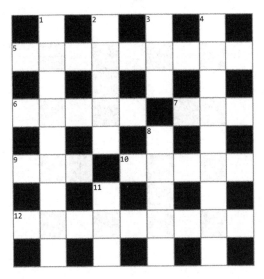

Across

5. toothpaste
6. fire
7. arm
9. us
10. fireplace
12. notebook

Down

1. farm
2. our
3. wheel
4. stormy
8. color; paint
11. with

No. 60

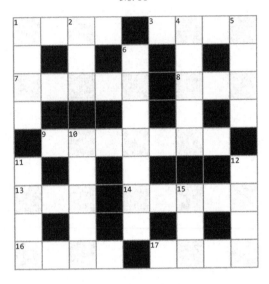

Across

1. moon
3. murder
7. kidney
8. marriage
9. dozen
13. dead
14. to eat
16. ring
17. (I) see

Down

1. mouth
2. never
4. ocean
5. thief
6. butcher
10. below; downstairs
11. stubborn
12. duck
15. they; she

No. 61

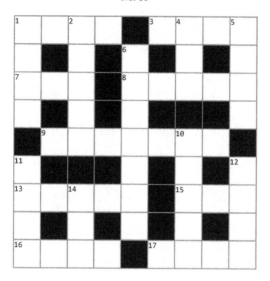

Across

1. *(he)* says
3. half
7. praise
8. apple
9. to blind
13. stone
15. bus
16. disgust
17. bright; pale

Down

1. salt
2. fork
4. open; upon
5. picture; image
6. caution
10. pea
11. branches
12. ass
14. marriage

No. 62

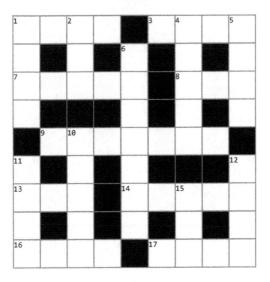

Across
1. even
3. field
7. to level
8. of
9. already
13. ear
14. corners
16. child
17. without

Down
1. rather
2. an
4. exact
5. that
6. to brag
10. to honor
11. skirt
12. knee
15. cow

No. 63

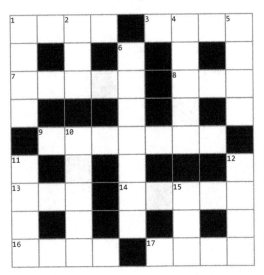

Across

1. band; tape
3. worm
7. please
8. rough
9. elephant
13. bath
14. to eat
16. dance
17. those

Down

1. baby
2. want
4. watches
5. mouse
6. sigh
10. shops
11. fruit
12. end; finish
15. lake

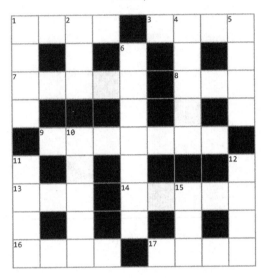

Across

1. lion
3. throat; neck
7. soul
8. narrow
9. skeleton
13. kind; sort
14. scarf
16. goal
17. poison

Down

1. loose
2. how
4. agent
5. (I) say
6. loss
10. necklace; chain
11. whole; quite
12. flood
15. shark

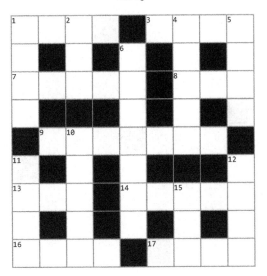

No. 65

Across

1. full
3. deep; deeply
7. fog; mist
8. May
9. to steer
13. eleven
14. cloth
16. zero
17. ground; earth

Down

1. vein
2. praise
4. always; ever
5. fine
6. (you) believe
10. blackboard
11. fairies
12. monkey
15. ear

No. 66

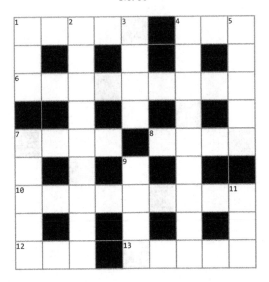

Across

1. music
4. well; good
6. maze
7. eternal
8. maniac
10. natural
12. *(I)* do
13. *(you)* put

Down

1. May
2. napkin
3. crane
4. guitarist
5. aunt
7. serious; seriously
9. grass
11. *(he)* has

No. 67

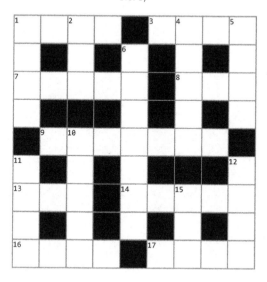

Across
1. hand
3. tank
7. scarf
8. toe
9. advertisement
13. axe
14. iron
16. hard
17. (I) see

Down
1. pants
2. close; near
4. trigger
5. bald
6. limbs
10. nature
11. roof
12. duck
15. they; she

No. 68

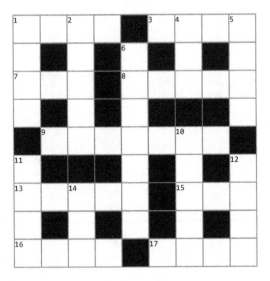

Across

1. omen
3. long
7. ice
8. sum
9. to pant
13. slap
15. hat
16. air
17. sea

Down

1. oven; stove
2. prime
4. arm
5. greed
6. bye
10. wages
11. disgust
12. stubborn
14. open; upon

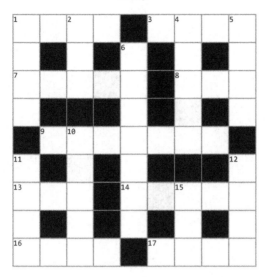

Across

1. four
3. cheese
7. spear
8. toe
9. drum
13. ace
14. corners
16. dog
17. honor

Down

1. vase
2. marriage
4. doctors
5. echo
6. stranger
10. lawn
11. toward
12. knee
15. cow

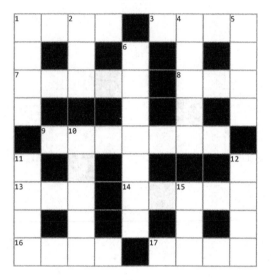

Across

1. village
3. car
7. index
8. ace
9. already
13. bear
14. to kill
16. dance
17. those

Down

1. your
2. wheel
4. ancient
5. oasis
6. expert
10. to honor
11. fruit
12. end; finish
15. tea

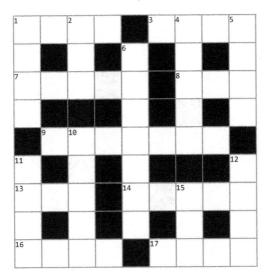

Across

1. regret
3. man
7. our
8. door
9. curtain
13. shark
14. fog; mist
16. even
17. ledge

Down

1. room
2. us
4. kinds
5. nerve
6. turn
10. olive
11. without
12. glass
15. by

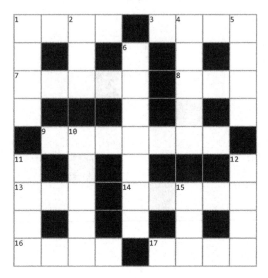

Across

1. house
3. hair
7. herd
8. old
9. mud
13. fairy
14. such
16. remainder
17. across; above

Down

1. height
2. watch; clock
4. alarm
5. rate
6. loss
10. bosses
11. shore
12. rather
15. praise

No. 73

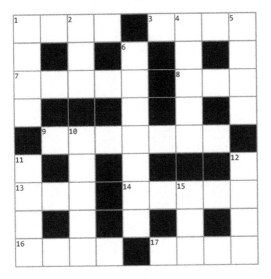

Across
1. chicken
3. band; tape
7. soap
8. ice
9. skeleton
13. whom
14. nuts
16. money
17. stove

Down
1. hatred
2. shark
4. agent
5. that
6. missing
10. camel
11. eternal
12. shirt
15. lake

No. 74

Across

1. worth
3. bread
7. red
8. below; downstairs
9. gains
13. weapon
15. until; till
16. idea
17. duck

Down

1. word
2. crack
4. advice
5. dance
6. musician
10. beside
11. two
12. branches
14. fairy

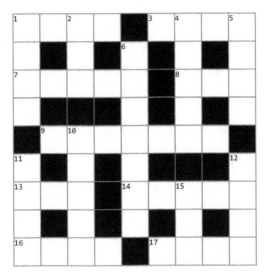

Across

1. year
3. half
7. spouse
8. *(I)* do
9. filthy
13. deer
14. angel
16. *(I)* say
17. stubborn

Down

1. hunting
2. hat
4. abbey
5. lead
6. corpses
10. calm; quietly
11. grass
12. hallway
15. well; good

No. 76

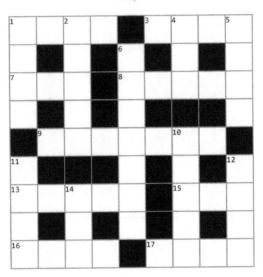

Across
1. animal; beast
3. son
7. ice
8. sausage
9. face
13. thanks
15. to do
16. rest; peace
17. each; everyone

Down
1. deep; deeply
2. prime
4. ear
5. note
6. doubt
10. hotel
11. or
12. knee
14. close; near

No. 77

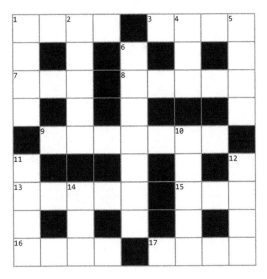

Across

1. no
3. mouse
7. arm
8. nature
9. scratch
13. deal
15. raw
16. nine
17. end; finish

Down

1. clear; clearly
2. always; ever
4. axe
5. coffin
6. rise
10. to honor
11. omen
12. honor
14. new

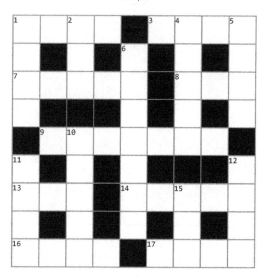

Across

1. whole; quite
3. car
7. steep
8. ace
9. label
13. eleven
14. parts
16. owl
17. maniac

Down

1. guest
2. never
4. ancient
5. oasis
6. posters
10. blackboard
11. those
12. regret
15. her; their

No. 79

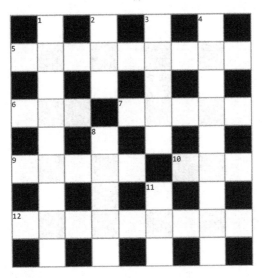

Across
5. *(I will)* pass
6. old
7. hello; hi
9. stalk
10. tea
12. to twist

Down
1. pills
2. ace
3. *(have)* done
4. to lose
8. candle
11. deer

No. 80

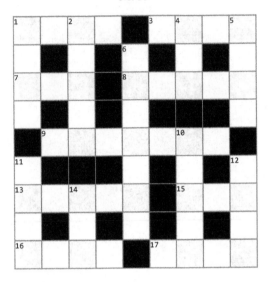

Across

1. firm
3. shirt
7. an
8. iron
9. student
13. to chew
15. death
16. loose
17. ground; earth

Down

1. free; vacant
2. else
4. ice
5. then
6. suffering
10. nature
11. disgust
12. idea
14. us

No. 81

No. 82

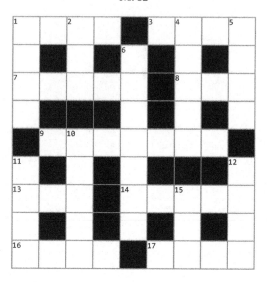

Across

1. rust
3. short; brief
7. soul
8. gate
9. bastard
13. kind; sort
14. bucket
16. nut
17. poison

Down

1. tear
2. they; she
4. under; among
5. tender
6. since
10. cars
11. fern
12. doctor
15. May

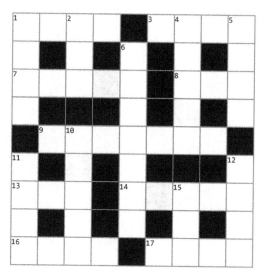

Across
1. pink
3. catch
7. kidney
8. well; good
9. double
13. who
14. bosses
16. goose
17. witch

Down
1. ring
2. lake
4. hinge
5. goodness
6. carpet
10. ears
11. eternal
12. branches
15. marriage

No. 84

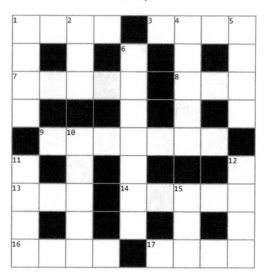

Across

1. dance
3. your
7. to see; to look
8. axe
9. step
13. fairy
14. corners
16. remainder
17. without

Down

1. *(you)* do
2. close; near
4. exact
5. note
6. to growl
10. bosses
11. shore
12. end; finish
15. cow

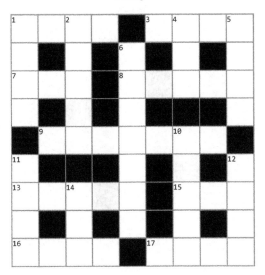

Across

1. your
3. house
7. wheel
8. cup
9. expert
13. wages
15. new
16. duck
17. nine

Down

1. village
2. index
4. of
5. sieve
6. boot
10. aunt
11. each; everyone
12. chicken
14. (he) has

No. 86

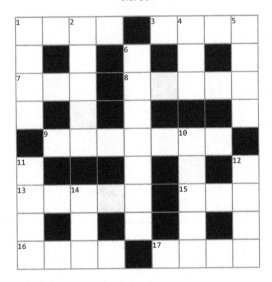

Across
1. cold
3. hard
7. to do
8. bet
9. gains
13. bean
15. want
16. rate
17. sea

Down
1. kid
2. length
4. old
5. animal; beast
6. doubt
10. nun
11. across; above
12. stubborn
14. hat

Across
1. bed
3. guest
7. watch; clock
8. please
9. central
13. pearl
15. deer
16. tour
17. hallway

Down
1. blood
2. towers
4. axe
5. deep; deeply
6. descent
10. April
11. late
12. rather
14. rough

No. 88

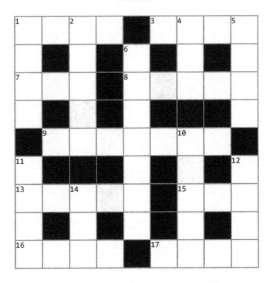

Across
1. word
3. hard
7. I
8. to loosen
9. agents
13. cases
15. raw
16. hub
17. duck

Down
1. white
2. calm; quietly
4. ace
5. tones
6. to blink
10. to honor
11. oven; stove
12. honor
14. praise

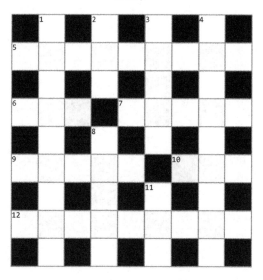

Across

5. lover
6. train
7. through
9. ocean
10. tea
12. to cross

Down

1. use
2. with
3. trigger
4. to happen
8. couples
11. pure

Across
1. very
3. then
7. want
8. always; ever
9. bottle
13. rich
15. by
16. heart
17. glass

Down
1. sand
2. hotel
4. arm
5. nerve
6. cherry
10. lever
11. early
12. bite
14. her; their

No. 91

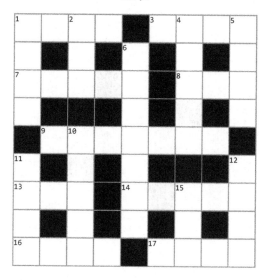

Across

1. when
3. moon
7. stone
8. door
9. tail
13. lake
14. rooms
16. loose
17. glad

Down

1. west
2. never
4. east
5. there
6. answer
10. bosses
11. ass
12. misfortune
15. watch; clock

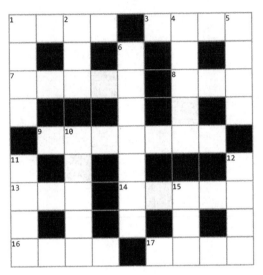

Across

1. pink
3. regret
7. *(he)* sees
8. May
9. to steer
13. kind; sort
14. to shout; to call
16. edge
17. witch

Down

1. tear
2. lake
4. bucket
5. eternal
6. to steer
10. deeds
11. real
12. knee
15. fairy

No. 93

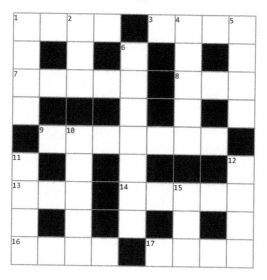

Across

1. grave
3. lead
7. prime
8. marriage
9. mirror
13. ear
14. something
16. animal; beast
17. vein

Down

1. greed
2. of
4. *(I)* love
5. idea
6. *(have)* seen
10. pearl
11. poet
12. branches
15. how

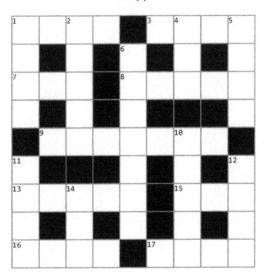

Across

1. year
3. flour
7. new
8. steep
9. sixth
13. river; flow
15. deer
16. end; finish
17. more

Down

1. June
2. today
4. marriage
5. purple
6. bye
10. towers
11. monkey
12. rather
14. and

No. 95

Across

1. short; brief
3. roof
7. hat
8. nuts
9. dyed
13. abbey
15. gate
16. horn
17. *(I)* see

Down

1. cabbage
2. crack
4. ace
5. here
6. idle
10. please
11. toward
12. ground; earth
14. guy

No. 96

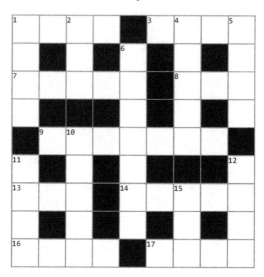

Across
1. dance
3. lazy
7. under; among
8. toe
9. advertisement
13. cow
14. to eat
16. land
17. *(I)* go

Down
1. tour
2. want
4. trigger
5. wage
6. to excite
10. to sew
11. disgust
12. end; finish
15. they; she

No. 97

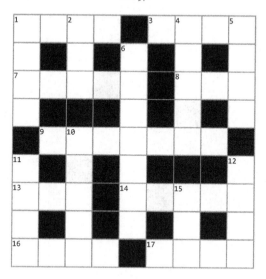

Across

1. fame
3. beard
7. stalk
8. ice
9. label
13. with
14. pond
16. nerve
17. maniac

Down

1. rust
2. shark
4. agent
5. *(you)* do
6. posters
10. killer
11. omen
12. without
15. her; their

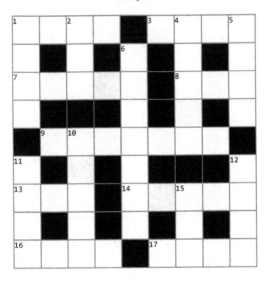

Across

1. beer
3. note
7. hinge
8. advice
9. examination
13. us
14. nail
16. dog
17. stubborn

Down

1. blue
2. narrow
4. ears
5. duck
6. elephant
10. lawn
11. too; also
12. clear; clearly
15. well; good

No. 99

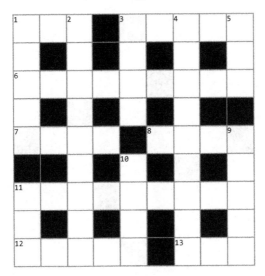

Across

1. eleven
3. string
6. to mark
7. rest; peace
8. sand
11. pills
12. cake
13. never

Down

1. bucket
2. fearful
3. rope
4. maze
5. an
9. thanks
10. witch
11. dead

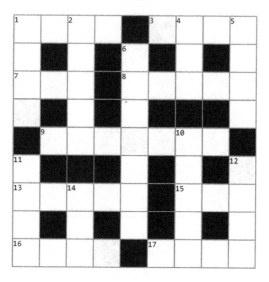

Across

1. wolf
3. man
7. wheel
8. blackboard
9. groups
13. trap
15. until; till
16. hub
17. bright; pale

Down

1. word
2. leather
4. open; upon
5. zero
6. plug
10. pea
11. oven; stove
12. ass
14. praise

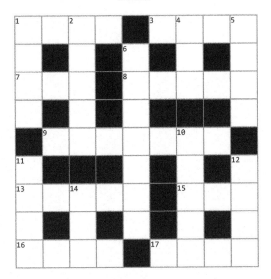

Across

1. moon
3. remainder
7. I
8. little
9. to paint
13. bet
15. rough
16. goodness
17. knee

Down

1. my; mine
2. (I) take
4. marriage
5. dance
6. slaves
10. to honor
11. eternal
12. rest; peace
14. (he) does

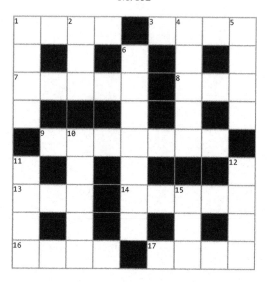

Across

1. heart
3. leg
7. *(you)* take
8. new
9. curtain
13. advice
14. something
16. mustard
17. regret

Down

1. dog
2. raw
4. to level
5. nine
6. to steal
10. east
11. grass
12. branches
15. how

No. 103

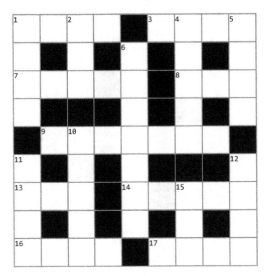

Across
1. fairies
3. flea
7. victim
8. close; near
9. to fly
13. bus
14. to eat
16. tank
17. vein

Down
1. glad
2. eleven
4. length
5. chicken
6. to excite
10. to read
11. fruit
12. end; finish
15. lake

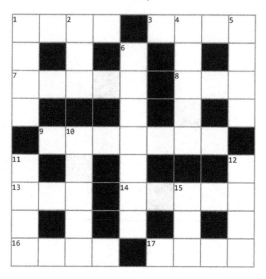

Across

1. mail
3. free; vacant
7. evening
8. watch; clock
9. mirror
13. whom
14. shame
16. idea
17. chin

Down

1. couple; pair
2. they; she
4. route
5. maniac
6. address
10. pump
11. two
12. omen
15. shark

No. 105

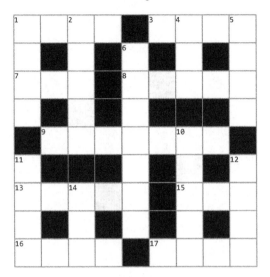

Across

1. cook
3. bed
7. *(I)* do
8. rain
9. bye
13. to breathe
15. valley
16. rate
17. misfortune

Down

1. kid
2. bosses
4. narrow
5. tones
6. turn
10. movements
11. hair
12. flea
14. with

No. 106

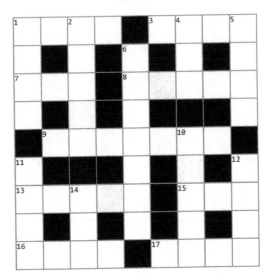

Across

1. *(he)* hears
3. even
7. *(he)* has
8. *(you)* know
9. laws
13. herd
15. never
16. duck
17. hot

Down

1. hollow
2. crack
4. by
5. note
6. onion
10. tongue
11. without
12. white
14. advice

No. 107

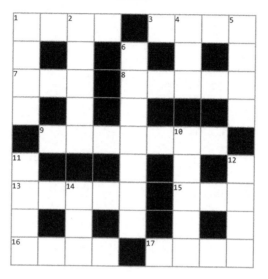

Across

1. much
3. throat; neck
7. an
8. deeds
9. states
13. cave
15. open; upon
16. duck
17. stubborn

Down

1. four
2. serious; seriously
4. axe
5. sand
6. punishments
10. exact
11. honor
12. shore
14. hat

No. 108

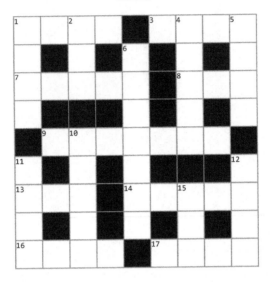

Across
1. trains
3. young
7. under; among
8. kind; sort
9. tray
13. off
14. bucket
16. gold
17. poison

Down
1. fence
2. well; good
4. ancient
5. god
6. to grill
10. hinge
11. eternal
12. bread
15. May

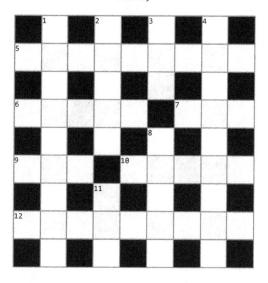

Across

5. understanding
6. father
7. to do
9. rough
10. (I) put
12. eggplant

Down

1. fix
2. east
3. fairy
4. use
8. fig
11. who

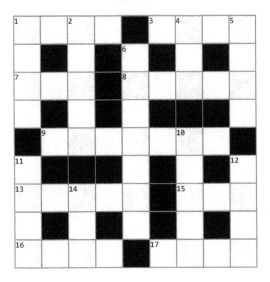

Across

1. blood
3. ledge
7. door
8. card
9. along
13. pope
15. until; till
16. tower
17. each; everyone

Down

1. bed
2. watches
4. her; their
5. sieve
6. skeleton
10. fog; mist
11. late
12. branches
14. pure

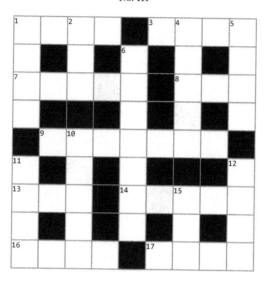

Across

1. to be; his
3. cheese
7. lamp
8. toe
9. to fly
13. bath
14. aunt
16. ring
17. round

Down

1. salt
2. him
4. doctors
5. echo
6. already
10. shop
11. across; above
12. shirt
15. new

No. 112

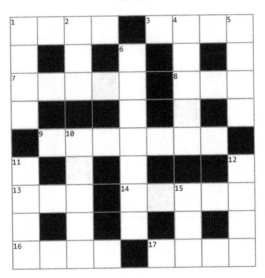

Across

1. movie
3. deep; deeply
7. seal
8. marriage
9. quickly
13. they; she
14. (I) take
16. loose
17. animal; beast

Down

1. away
2. praise
4. ideal
5. free; vacant
6. opinion
10. bosses
11. ass
12. sea
15. shark

No. 113

Across

1. thing
3. mustard
7. sheep
8. bear
9. to drink
13. marriage
14. nature
16. rather
17. fine

Down

1. that
2. close; near
4. pea
5. shape
6. opening
10. giant
11. regret
12. crane
15. (I) do

No. 114

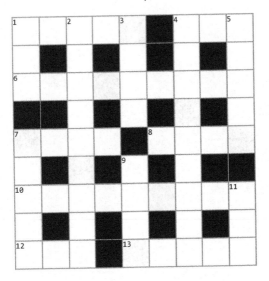

Across
1. such
4. *(he)* does
6. diet
7. corner
8. greed
10. napkin
12. never
13. enough

Down
1. lake
2. map
3. height
4. tourists
5. tiger
7. iron
9. thing
11. narrow

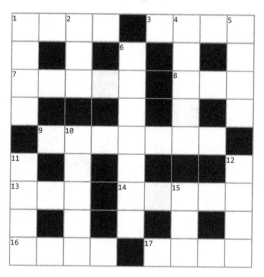

Across

1. beer
3. castle
7. length
8. *(he)* does
9. to steer
13. ace
14. sleeve
16. idea
17. one

Down

1. soon
2. an
4. under; among
5. god
6. regular
10. cup
11. taxi
12. glass
15. May

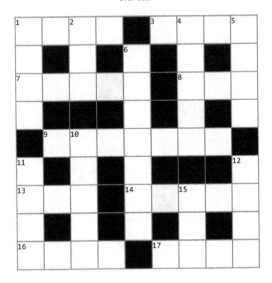

Across

1. kid
3. mop
7. painter
8. ice
9. apartment
13. off
14. movements
16. whole; quite
17. white

Down

1. comb
2. valley
4. ocean
5. mail
6. peanut
10. organ
11. eternal
12. hot
15. tea

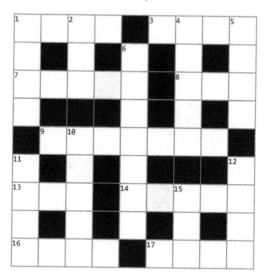

Across
1. three
3. your
7. to shout; to call
8. arm
9. tray
13. ear
14. nephew
16. purple
17. stove

Down
1. village
2. eleven
4. exact
5. name
6. along
10. April
11. cabbage
12. money
15. fairy

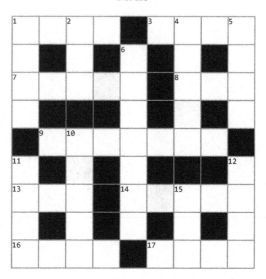

Across

1. worm
3. rust
7. *(you)* take
8. door
9. diamond
13. bear
14. to honor
16. nerve
17. eye

Down

1. wall
2. raw
4. east
5. tower
6. voices
10. madman
11. even
12. duck
15. rough

No. 119

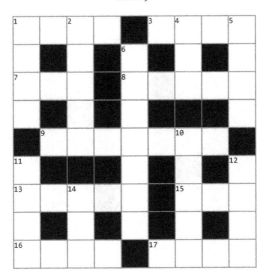

Across

1. rice
3. flight
7. us
8. fork
9. to blink
13. bee
15. new
16. nut
17. knee

Down

1. room
2. island
4. praise
5. yellow
6. agents
10. to level
11. up
12. horn
14. ice

No. 120

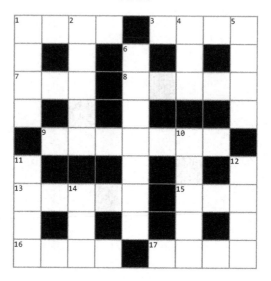

Across

1. choice; election
3. animal; beast
7. her; their
8. to breathe
9. to growl
13. cube
15. by
16. loose
17. part; portion

Down

1. wine
2. to listen; to hear
4. him
5. ring
6. sailor
10. pea
11. disgust
12. much
14. bus

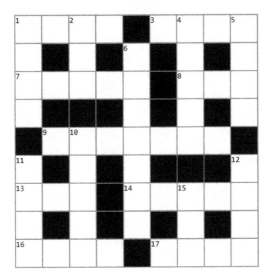

Across
1. car
3. short; brief
7. foreign
8. day
9. antenna
13. we
14. *(I)* put
16. idea
17. glad

Down
1. monkey
2. *(I)* do
4. below; downstairs
5. trains
6. address
10. scar
11. two
12. misfortune
15. door

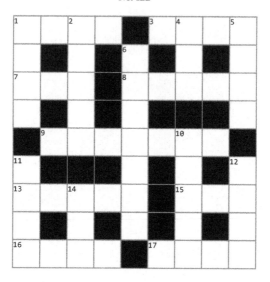

Across

1. house
3. hole
7. red
8. card
9. to grill
13. bride
15. they; she
16. note
17. field

Down

1. sir
2. under; among
4. ear
5. here
6. skeleton
10. prime
11. to practice
12. shirt
14. axe

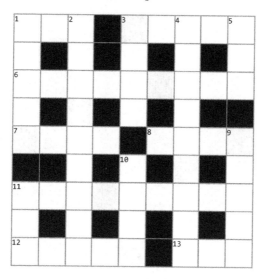

Across

1. *(he)* does
3. thirst
6. eggplant
7. sea
8. thing
11. to kidnap
12. nun
13. never

Down

1. dream
2. pills
3. bowel
4. to ruin
5. tea
9. lanes
10. goodness
11. an

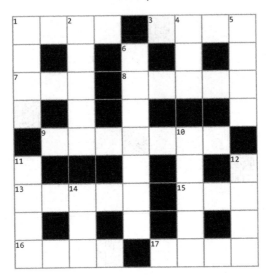

Across

1. rock
3. coffin
7. ace
8. base
9. *(have)* asked
13. angel
15. until; till
16. god
17. each; everyone

Down

1. woman
2. list
4. of
5. guest
6. anywhere; throughout
10. fork
11. mountain
12. branches
14. well; good

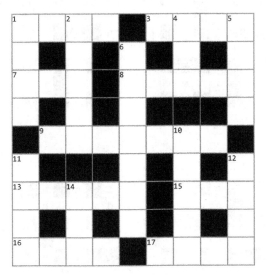

Across

1. basket
3. comb
7. day
8. lamp
9. to curse
13. bee
15. deer
16. days
17. duck

Down

1. kid
2. shelf
4. arm
5. sea
6. bells
10. to honor
11. fruit
12. without
14. narrow

Solutions

No. 1

l	ö	w	e	■	h	a	u	t
a	■	i	■	u	■	b	■	a
u	h	r	e	n	■	t	a	g
t	■	■	■	t	■	e	■	e
■	u	n	f	ä	h	i	g	■
h	■	ü	■	t	■	■	■	f
e	i	s	■	i	m	m	e	r
l	■	s	■	g	■	a	■	ü
m	e	e	r	■	m	i	c	h

No. 2

f	a	l	l	■	l	o	c	h
a	■	o	■	s	■	s	■	ö
r	o	b	b	e	■	t	ü	r
n	■	■	■	u	■	e	■	e
■	p	r	ü	f	u	n	g	■
k	■	i	■	z	■	■	■	e
e	h	e	■	e	c	k	e	n
i	■	s	■	n	■	u	■	t
m	e	e	r	■	o	h	n	e

No. 3

t	e	i	l	■	s	e	h	e
o	■	n	■	a	■	i	■	k
u	n	s	■	g	e	s	t	e
r	■	e	■	e	■	■	■	l
■	b	l	e	n	d	e	n	■
z	■	■	■	t	■	r	■	e
w	e	i	s	e	■	b	u	s
e	■	h	■	n	■	s	■	e
i	r	r	e	■	h	e	l	l

No. 4

t	y	p	■	e	i	m	e	r
i	■	o	■	h	■	e	■	o
n	a	t	ü	r	l	i	c	h
t	■	e	■	e	■	n	■	■
e	i	n	s	■	j	u	n	g
■	■	t	■	e	■	n	■	ä
z	e	i	t	u	n	g	e	n
e	■	a	■	l	■	e	■	g
h	i	l	f	e	■	n	i	e

No. 5

h	o	s	e	■	s	a	r	g
a	■	e	■	a	■	p	■	o
s	t	e	i	n	■	r	o	t
s	■	■	■	s	■	i	■	t
■	g	e	s	t	a	l	t	■
e	■	n	■	i	■	■	■	h
w	e	g	■	e	r	s	t	e
i	■	e	■	g	■	i	■	m
g	o	l	d	■	h	e	r	d

No. 6

j	e	n	e	■	z	e	h	n
u	■	a	■	a	■	b	■	e
n	ä	h	e	n	■	n	e	u
g	■	■	■	t	■	e	■	n
■	s	c	h	w	a	n	z	■
s	■	h	■	o	■	■	■	r
t	u	e	■	r	ä	u	m	e
u	■	f	■	t	■	n	■	u
r	o	s	t	■	i	d	e	e

Solutions

No. 7

r	a	t	e	■	g	e	l	d
a	■	o	■	t	■	h	■	a
u	h	r	■	s	t	e	i	n
m	■	t	■	c	■	■	■	n
■	h	e	c	h	e	l	n	■
d	■	■	■	ü	■	ö	■	k
a	u	t	o	s	■	h	a	i
c	■	a	■	s	■	n	■	n
h	e	l	d	■	f	e	e	n

No. 8

v	o	l	l	■	p	i	e	r
i	■	a	■	s	■	h	■	i
e	i	n	■	k	a	m	i	n
r	■	d	■	l	■	■	■	g
■	b	e	h	a	a	r	t	■
o	■	■	■	v	■	i	■	k
f	ä	h	r	e	■	t	u	n
e	■	a	■	n	■	z	■	i
n	o	t	e	■	h	e	x	e

No. 9

v	e	n	e	■	v	o	l	l
i	■	a	■	o	■	h	■	i
e	n	g	■	k	u	r	v	e
l	■	e	■	t	■	■	■	b
■	a	l	k	o	h	o	l	■
o	■	■	■	b	■	n	■	e
m	ü	n	z	e	■	k	u	h
e	■	o	■	r	■	e	■	e
n	o	t	e	■	f	l	u	r

No. 10

f	e	l	s	■	p	a	a	r
r	■	o	■	b	■	l	■	o
e	r	b	s	e	■	a	s	s
i	■	■	■	m	■	r	■	a
■	p	f	l	a	u	m	e	■
h	■	i	■	l	■	■	■	a
e	i	s	■	e	i	m	e	r
r	■	c	■	n	■	a	■	z
z	a	h	n	■	g	i	f	t

No. 11

s	e	h	r	■	g	e	l	b
a	■	u	■	h	■	h	■	e
g	a	t	t	e	■	r	a	t
e	■	■	■	c	■	e	■	t
■	d	r	e	h	u	n	g	■
o	■	a	■	e	■	■	■	a
b	u	s	■	l	o	k	a	l
s	■	e	■	n	■	u	■	l
t	a	n	z	■	o	h	n	e

No. 12

h	e	m	d	■	p	e	c	h
a	■	i	■	w	■	i	■	a
s	i	e	■	e	s	s	e	n
s	■	t	■	a	g	e	■	d
■	w	e	r	■	h	a	i	■
o	■	■	■	m	e	e	r	■ e
b	ü	g	e	l	■	t	ü	r
e	■	u	■	f	■	e	■	d
n	o	t	e	■	e	n	t	e

Solutions

No. 13

h	a	a	r	■	n	e	r	v
u	■	u	■	b	■	r	■	a
n	e	f	f	e	■	b	u	s
d	■	■	■	k	■	s	■	e
■	t	h	e	a	t	e	r	■
g	■	ö	■	n	■	■	■	w
r	e	h	■	n	ü	s	s	e
a	■	l	■	t	■	e	■	i
u	f	e	r	■	h	e	i	ß

No. 14

h	a	h	n	■	n	o	c	h
a	■	a	■	v	■	s	■	u
s	e	i	t	e	■	t	y	p
t	■	■	■	r	■	e	■	e
■	e	n	t	l	a	n	g	■
e	■	i	■	u	■	■	■	e
w	i	e	■	s	t	i	r	n
i	■	r	■	t	■	c	■	d
g	i	e	r	■	e	h	r	e

No. 15

k	n	i	e	■	l	a	u	t
e	■	h	■	d	■	b	■	a
i	r	r	e	r	■	t	u	n
m	■	■	■	e	■	e	■	k
■	r	i	c	h	t	i	g	■
n	■	n	■	u	■	■	■	f
a	u	s	■	n	e	f	f	e
c	■	e	■	g	■	e	■	l
h	e	l	m	■	h	e	l	d

No. 16

z	i	e	l	■	ü	b	e	r
e	■	i	■	z	■	e	■	a
i	h	m	■	w	e	i	ß	t
t	■	e	■	i	n	■	■	e
■	e	r	r	e	g	e	n	■
f	■	■	o	b	■	r	■	m
r	o	u	t	e	■	n	i	e
ü	■	h	■	l	■	s	■	e
h	ö	r	e	■	s	t	u	r

No. 17

b	a	u	m	■	g	r	ü	n
e	■	n	■	e	■	i	■	u
i	n	d	e	x	■	t	a	l
n	■	■	■	p	■	z	■	l
■	s	p	i	e	l	e	n	■
s	■	e	■	r	■	■	■	h
p	u	r	■	t	i	n	t	e
ä	■	l	■	e	■	e	■	l
t	i	e	r	■	t	u	r	m

No. 18

g	ü	t	e	■	v	i	e	r
o	■	e	■	w	■	d	■	i
t	h	e	m	a	■	e	i	n
t	■	■	■	c	■	a	■	g
■	h	e	c	h	e	l	n	■
b	■	r	■	s	■	■	■	a
u	n	s	■	a	p	r	i	l
r	■	t	■	m	■	a	■	l
g	i	e	r	■	e	u	l	e

Solutions

No. 19

	z		e		r		g	
v	e	r	s	t	e	h	e	n
	r		s		h		l	
t	e	u	e	r		m	i	t
	m		n		w		e	
t	o	r		r	o	b	b	e
	n		a		r		t	
e	i	n	s	e	t	z	e	n
	e		t		e		r	

No. 20

r	u	h	e		h	a	u	s
u		o		a		r		a
h	u	t		d	a	m	e	n
m		e		r				d
	f	l	i	e	g	e	n	
e				s		h		i
k	l	a	p	s		r	a	d
e		u		e		e		e
l	u	f	t		e	n	t	e

No. 21

o	a	s	e		h	a	b	e
b		e		s		g		s
s	i	e	h	t		e	h	e
t				e		n		l
	t	a	b	l	e	t	t	
e		p		l				n
w	i	r		e	r	b	s	e
i		i		n		ä		u
g	e	l	b		k	r	a	n

No. 22

b	e	t	t		h	e	r	d
a		u		m		t		a
n	o	n	n	e		w	e	m
k				h		a		e
	m	a	t	r	o	s	e	
z		d		e				k
w	a	l		r	u	f	e	n
e		e		e		e		i
i	r	r	e		j	e	n	e

No. 23

a	r	z	t		m	a	u	s
f		u		k		u		a
f	e	g	e	n		t	a	l
e				u		o		z
	m	a	t	r	o	s	e	
s		n		r				p
e	n	g		e	r	b	s	e
n		e		n		e		c
f	a	l	l		s	i	c	h

No. 24

s	e	h	t		h	e	m	d
a		a		c		x		a
r	e	i	c	h		a	u	s
g				i		k		s
	s	c	h	r	i	t	t	
n		h		u				z
e	h	e		r	o	l	l	e
r		f		g		o		h
v	a	s	e		o	b	e	n

Solutions

No. 25

h	i	e	r	■	v	i	e	r
a	■	r	■	s	■	h	■	u
a	s	s	■	t	ü	r	e	n
r	■	t	■	u	■	■	■	d
■	l	e	i	d	e	n	d	■
n	■	■	■	e	■	a	■	o
u	n	t	e	n	■	r	o	h
l	■	e	■	t	■	b	■	n
l	e	e	r	■	h	e	x	e

No. 26

n	i	e	■	h	a	b	e	n
o	■	n	■	e	■	l	■	a
n	a	t	ü	r	l	i	c	h
n	■	f	■	z	■	n	■	■
e	b	e	n	■	o	d	e	r
■	■	r	■	r	■	h	■	i
k	o	n	t	i	n	e	n	t
u	■	e	■	n	■	i	■	z
h	o	n	i	g	■	t	u	e

No. 27

j	u	l	i	■	f	a	l	l
u	■	i	■	b	■	s	■	a
n	i	e	■	e	s	s	e	n
i	■	b	■	r	■	■	■	d
■	t	e	l	e	f	o	n	■
s	■	■	■	i	■	s	■	i
p	a	p	s	t	■	t	o	d
ä	■	u	■	s	■	e	■	e
t	u	r	m	■	e	n	d	e

No. 28

t	o	u	r	■	z	e	l	t
ö	■	n	■	g	■	i	■	e
n	ü	s	s	e	■	m	a	i
e	■	■	■	w	■	e	■	l
■	s	t	e	u	e	r	n	■
o	■	ü	■	s	■	■	■	m
b	ä	r	■	s	a	i	t	e
s	■	m	■	t	■	c	■	e
t	i	e	f	■	e	h	e	r

No. 29

g	ü	t	e	■	l	i	e	b
a	■	a	■	p	■	r	■	e
n	a	g	e	l	■	r	o	t
z	■	■	■	a	■	e	■	t
■	l	o	c	k	e	r	n	■
s	■	h	■	a	■	■	■	e
t	o	r	■	t	ü	r	e	n
u	■	e	■	e	■	a	■	t
r	a	n	d	■	r	u	h	e

No. 30

b	i	s	■	w	e	t	t	e
a	■	c	■	e	■	o	■	n
s	c	h	e	i	d	u	n	g
i	■	i	■	ß	■	r	■	■
s	i	c	h	■	s	i	e	b
■	■	k	■	m	■	s	■	e
e	s	s	z	i	m	m	e	r
i	■	a	■	c	■	u	■	g
s	o	l	c	h	■	s	i	e

Solutions

No. 31

h	o	h	l	■	w	e	i	n
a	■	a	■	f	■	x	■	o
h	o	t	e	l	■	a	r	t
n	■	■	■	u	■	k	■	e
■	f	r	ü	c	h	t	e	■
e	■	e	■	h	■	■	■	k
w	e	g	■	e	s	s	e	n
i	■	a	■	n	■	e	■	i
g	o	l	d	■	j	e	n	e

No. 32

p	l	a	n	■	s	e	h	r
a	■	r	■	a	■	h	■	a
a	x	t	■	b	r	e	i	t
r	■	e	■	s	■	■	■	e
■	a	n	s	t	i	e	g	■
o	■	■	■	i	■	t	■	e
m	ü	n	z	e	■	w	i	r
e	■	e	■	g	■	a	■	d
n	e	u	n	■	Ä	s	t	e

No. 33

m	a	u	s	■	j	u	n	g
e	■	n	■	a	■	h	■	o
h	u	t	■	g	e	r	ä	t
r	■	e	■	e	■	■	■	t
■	g	r	e	n	z	e	n	■
k	■	■	■	t	■	r	■	b
ä	r	z	t	e	■	b	ä	r
s	■	e	■	n	■	s	■	o
e	c	h	o	■	r	e	s	t

No. 34

z	a	r	t	■	s	o	f	a
e	■	e	■	s	■	s	■	u
l	ö	h	n	e	■	t	u	t
t	■	■	■	u	■	e	■	o
■	p	r	ü	f	u	n	g	■
ü	■	e	■	z	■	■	■	e
b	a	d	■	e	c	k	e	n
e	■	e	■	n	■	u	■	d
r	i	n	g	■	o	h	n	e

No. 35

e	c	k	e	■	h	e	l	d
i	■	o	■	z	■	i	■	r
n	a	h	■	w	i	n	d	e
s	■	l	■	a	■	■	■	i
■	b	e	i	n	a	h	e	■
k	■	■	■	z	■	a	■	ü
a	b	t	e	i	■	l	o	b
n	■	u	■	g	■	l	■	e
u	f	e	r	■	l	o	h	n

No. 36

z	a	h	n	■	d	i	n	g
a	■	a	■	o	■	m	■	ü
r	e	i	c	h	■	m	i	t
t	■	■	■	r	■	e	■	e
■	c	h	i	r	u	r	g	■
o	■	ö	■	i	■	■	■	e
b	ä	r	■	n	e	b	e	n
s	■	e	■	g	■	a	■	t
t	a	n	z	■	i	d	e	e

Solutions

No. 37

b	l	u	t	■	e	k	e	l
a	■	n	■	a	■	a	■	i
l	e	s	e	n	■	t	a	l
d	■	■	g	■	z	■	a	
■	f	l	i	e	ß	e	n	■
s	■	e	■	b	■	■	■	f
t	a	g	■	e	i	m	e	r
u	■	e	■	n	■	a	■	ü
r	i	n	g	■	m	i	c	h

No. 38

s	e	n	f	■	l	u	f	t
a	■	i	■	g	■	r	■	u
l	i	e	b	e	■	a	u	s
z	■	■	f	■	l	■	t	
■	s	c	h	r	i	t	t	■
e	■	h	■	a	■	■	■	f
w	i	e	■	g	a	b	e	l
i	■	f	■	t	■	e	■	u
g	a	s	t	■	v	i	e	r

No. 39

h	ö	r	t	■	u	f	e	r
i	■	i	■	t	■	e	■	a
e	h	e	■	s	i	e	h	t
r	■	s	■	c	■	■	■	e
■	s	e	c	h	s	t	e	■
m	■	■	ü	■	ö	■	s	
a	l	l	e	s	■	t	y	p
n	■	o	■	s	■	e	■	ä
n	a	b	e	■	a	r	z	t

No. 40

h	e	i	ß	■	z	a	h	n
ö	■	c	■	h	■	c	■	o
h	ö	h	l	e	■	h	a	t
e	■	■	c	■	s	■	e	
■	w	Ä	c	h	t	e	r	■
z	■	r	■	e	■	■	■	b
w	e	g	■	l	a	r	v	e
e	■	e	■	n	■	a	■	r
i	r	r	e	■	j	u	n	g

No. 41

h	e	l	l	■	f	r	a	u
a	■	i	■	p	■	e	■	f
b	u	s	■	f	ä	h	r	e
e	■	t	■	l	■	■	■	r
■	n	e	g	a	t	i	v	■
f	■	■	u	■	r	■	o	
a	l	a	r	m	■	r	o	h
l	■	s	■	e	■	e	■	n
l	o	s	e	■	a	r	m	e

No. 42

h	e	r	r	■	s	e	h	t
a	■	a	■	l	■	r	■	u
s	e	t	z	e	■	b	ä	r
s	■	■	i	■	s	■	m	
■	f	i	s	c	h	e	r	■
o	■	n	■	h	■	■	■	e
b	i	s	■	e	c	k	e	n
e	■	e	■	n	■	u	■	d
n	u	l	l	■	e	h	r	e

Solutions

No. 43

m	e	i	n	■	t	o	u	r
o	■	n	■	a	■	h	■	u
r	a	d	■	d	u	r	c	h
d	■	e	■	r	■	■	■	m
■	e	x	p	e	r	t	e	■
o	■	■	■	s	■	a	■	n
b	a	s	i	s	■	n	e	u
s	■	e	■	e	■	t	■	s
t	i	e	f	■	r	e	i	s

No. 44

s	e	h	r	■	h	o	s	e
a	■	a	■	p	■	r	■	n
g	r	i	f	f	■	g	u	t
e	■	■	■	e	■	a	■	e
■	p	r	ü	f	u	n	g	■
r	■	i	■	f	■	■	■	h
a	s	t	■	e	r	s	t	e
n	■	z	■	r	■	i	■	r
d	r	e	i	■	f	e	l	d

No. 45

g	a	n	g	■	i	d	e	e
e	■	i	■	v	■	u	■	r
l	i	e	b	e	■	r	a	d
d	■	■	■	r	■	s	■	e
■	b	a	l	l	e	t	t	■
g	■	b	■	u	■	■	■	h
r	o	t	■	s	e	e	l	e
a	■	e	■	t	■	h	■	l
b	e	i	n	■	t	e	i	l

No. 46

m	o	n	d	■	p	a	r	k
e	■	a	■	t	■	s	■	a
i	h	r	■	h	o	t	e	l
n	■	b	■	e	■	■	■	b
■	b	e	k	a	n	n	t	■
o	■	■	■	t	■	a	■	k
f	a	l	l	e	■	t	u	n
e	■	o	■	r	■	u	■	i
n	a	b	e	■	i	r	r	e

No. 47

g	ü	t	e	■	h	o	l	z
e	■	ü	■	a	■	s	■	ü
h	ö	r	e	n	■	t	a	g
e	■	■	■	t	■	e	■	e
■	s	c	h	w	a	n	z	■
s	■	h	■	o	■	■	■	f
t	e	e	■	r	o	u	t	e
u	■	f	■	t	■	h	■	e
r	e	s	t	■	k	r	a	n

No. 48

w	a	n	n	■	m	e	h	l
u	■	e	■	f	■	n	■	i
r	o	h	■	r	e	g	a	l
m	■	m	■	e	i	■	■	a
■	g	e	w	u	s	s	t	■
s	■	■	i	n	■	t	■	e
p	f	e	r	d	■	a	s	s
ä	■	i	■	e	■	r	■	e
t	a	n	k	■	e	k	e	l

Solutions

No. 49

h	u	p	e	■	k	e	i	m
e	■	u	■	p	■	b	■	e
i	r	r	e	r	■	n	a	h
ß	■	■	■	o	■	e	■	r
■	a	r	m	b	a	n	d	■
e	■	u	■	l	■	■	■	e
i	c	h	■	e	c	k	e	n
n	■	i	■	m	■	u	■	d
s	a	g	t	■	o	h	n	e

No. 50

p	a	r	k	■	s	i	c	h
o	■	e	■	a	■	r	■	a
s	e	h	e	n	■	r	a	u
t	■	■	■	s	■	e	■	s
■	b	a	s	t	a	r	d	■
h	■	r	■	i	■	■	■	l
a	l	t	■	e	r	b	s	e
a	■	e	■	g	■	a	■	e
r	u	n	d	■	o	d	e	r

No. 51

r	u	h	e	■	s	e	n	f
i	■	a	■	z	■	x	■	e
s	ä	t	z	e	■	a	s	s
s	■	■	■	i	■	k	■	t
■	f	r	ü	c	h	t	e	■
a	■	a	■	h	■	■	■	b
u	n	s	■	e	r	b	s	e
c	■	e	■	n	■	e	■	r
h	a	n	d	■	r	i	n	g

No. 52

e	h	e	■	b	o	d	e	n
c	■	i	■	ö	■	i	■	i
k	i	n	d	s	l	a	g	e
e	■	s	■	e	■	m	■	■
n	o	c	h	■	k	a	m	m
■	■	h	■	s	■	n	■	a
g	e	l	i	e	b	t	e	r
u	■	a	■	h	■	e	■	k
t	i	g	e	r	■	n	o	t

No. 53

d	a	m	e	■	a	u	g	e
a	■	a	■	e	■	n	■	h
s	t	i	l	l	■	t	u	e
s	■	■	■	e	■	e	■	r
■	p	r	ü	f	u	n	g	■
e	■	i	■	a	■	■	■	b
n	o	t	■	n	i	e	r	e
t	■	z	■	t	■	h	■	t
e	b	e	n	■	w	e	l	t

No. 54

h	e	r	r	■	b	l	e	i
a	■	a	■	b	■	e	■	r
b	i	t	t	e	■	u	h	r
e	■	■	■	h	■	t	■	e
■	t	h	e	a	t	e	r	■
e	■	ü	■	a	■	■	■	e
w	e	g	■	r	e	i	c	h
i	■	e	■	t	■	h	■	r
g	o	l	d	■	e	r	d	e

No. 55

b	a	n	k	■	s	a	n	d
l	■	ü	■	l	x	■	■	a
a	s	s	■	o	s	t	e	n
u	■	s	■	c	■	■	■	n
■	v	e	r	k	a	u	f	■
t	■	■	e	■	h	■	■	i
u	n	t	e	r	■	r	a	d
s	■	u	■	n	■	e	■	e
t	a	n	z	■	k	n	i	e

No. 56

s	e	i	l	■	h	o	c	h
a	■	c	■	a	■	n	■	ö
r	u	h	i	g	■	k	u	h
g	■	■	■	e	■	e	■	e
■	s	c	h	n	e	l	l	■
o	■	h	■	t	■	■	■	e
f	e	e	■	e	i	s	e	n
e	■	f	■	n	■	e	■	d
n	a	s	e	■	r	e	u	e

No. 57

g	i	f	t	■	l	e	e	r
a	■	e	■	e	■	r	■	a
s	t	e	i	n	■	n	o	t
t	■	■	■	t	■	s	■	e
■	t	a	b	l	e	t	t	■
f	■	c	■	a	■	■	■	p
r	e	h	■	n	e	h	m	e
ü	■	s	■	g	■	a	■	c
h	i	e	r	■	s	i	c	h

No. 58

h	a	s	t	■	b	a	u	m
ö	■	ä	■	z	■	l	■	e
r	o	t	■	w	e	t	t	e
e	■	z	■	i	■	■	■	r
■	b	e	r	e	i	t	s	■
ü	■	■	■	b	■	ö	■	s
b	i	e	n	e	■	t	y	p
e	■	i	■	l	■	e	■	ä
r	o	s	t	■	b	r	o	t

No. 59

■	b	■	u	■	r	■	s	■
z	a	h	n	p	a	s	t	a
■	u	■	s	■	d	■	ü	■
f	e	u	e	r	■	a	r	m
■	r	■	r	■	f	■	m	■
u	n	s	■	k	a	m	i	n
■	h	■	m	■	r	■	s	■
n	o	t	i	z	b	u	c	h
■	f	■	t	■	e	■	h	■

No. 60

m	o	n	d	■	m	o	r	d
u	■	i	■	m	■	z	■	i
n	i	e	r	e	■	e	h	e
d	■	■	■	t	■	a	■	b
■	d	u	t	z	e	n	d	■
s	■	n	■	g	■	■	■	e
t	o	t	■	e	s	s	e	n
u	■	e	■	r	■	i	■	t
r	i	n	g	■	s	e	h	e

Solutions

No. 61

s	a	g	t	■	h	a	l	b
a	■	a	■	w	■	u	■	i
l	o	b	■	a	p	f	e	l
z	■	e	■	r	■	■	■	d
■	b	l	e	n	d	e	n	■
Ä	■	■	■	u	■	r	■	e
s	t	e	i	n	■	b	u	s
t	■	h	■	g	■	s	■	e
e	k	e	l	■	h	e	l	l

No. 62

e	b	e	n	■	f	e	l	d
h	■	i	■	a	■	x	■	a
e	b	n	e	n	■	a	u	s
r	■	■	■	g	■	k	■	s
■	b	e	r	e	i	t	s	■
r	■	h	■	b	■	■	■	k
o	h	r	■	e	c	k	e	n
c	■	e	■	n	■	u	■	i
k	i	n	d	■	o	h	n	e

No. 63

b	a	n	d	■	w	u	r	m
a	■	o	■	s	■	h	■	a
b	i	t	t	e	■	r	a	u
y	■	■	■	u	■	e	■	s
■	e	l	e	f	a	n	t	■
o	■	ä	■	z	■	■	■	e
b	a	d	■	e	s	s	e	n
s	■	e	■	n	■	e	■	d
t	a	n	z	■	j	e	n	e

No. 64

l	ö	w	e	■	h	a	l	s
o	■	i	■	v	■	g	■	a
s	e	e	l	e	■	e	n	g
e	■	■	■	r	■	n	■	e
■	s	k	e	l	e	t	t	■
g	■	e	■	u	■	■	■	f
a	r	t	■	s	c	h	a	l
n	■	t	■	t	■	a	■	u
z	i	e	l	■	g	i	f	t

No. 65

v	o	l	l	■	t	i	e	f
e	■	o	■	g	■	m	■	e
n	e	b	e	l	■	m	a	i
e	■	■	■	a	■	e	■	n
■	s	t	e	u	e	r	n	■
f	■	a	■	b	■	■	■	a
e	l	f	■	s	t	o	f	f
e	■	e	■	t	■	h	■	f
n	u	l	l	■	e	r	d	e

No. 66

m	u	s	i	k	■	g	u	t
a	■	e	■	r	■	i	■	a
i	r	r	g	a	r	t	e	n
■	■	v	■	n	■	a	■	t
e	w	i	g	■	i	r	r	e
r	■	e	■	g	■	r	■	■
n	a	t	ü	r	l	i	c	h
s	■	t	■	a	■	s	■	a
t	u	e	■	s	e	t	z	t

Solutions

No. 67

h	a	n	d	■	t	a	n	k
o	■	a	■	g	■	b	■	a
s	c	h	a	l	■	z	e	h
e	■	■	i	■	u	■	■	l
■	a	n	z	e	i	g	e	■
d	■	a	■	d	■	■	■	e
a	x	t	■	e	i	s	e	n
c	■	u	■	r	■	i	■	t
h	a	r	t	■	s	e	h	e

No. 68

o	m	e	n	■	l	a	n	g
f	■	r	■	t	■	r	■	i
e	i	s	■	s	u	m	m	e
n	■	t	■	c	■	■	■	r
■	h	e	c	h	e	l	n	■
e	■	■	■	ü	■	ö	■	s
k	l	a	p	s	■	h	u	t
e	■	u	■	s	■	n	■	u
l	u	f	t	■	m	e	e	r

No. 69

v	i	e	r	■	k	Ä	s	e
a	■	h	■	f	■	r	■	c
s	p	e	e	r	■	z	e	h
e	■	■	■	e	■	t	■	o
■	t	r	o	m	m	e	l	■
n	■	a	■	d	■	■	■	k
a	s	s	■	e	c	k	e	n
c	■	e	■	r	■	u	■	i
h	u	n	d	■	e	h	r	e

No. 70

d	o	r	f	■	a	u	t	o
e	■	a	■	e	■	r	■	a
i	n	d	e	x	■	a	s	s
n	■	■	■	p	■	l	■	e
■	b	e	r	e	i	t	s	■
o	■	h	■	r	■	■	■	e
b	ä	r	■	t	ö	t	e	n
s	■	e	■	e	■	e	■	d
t	a	n	z	■	j	e	n	e

No. 71

r	e	u	e	■	m	a	n	n
a	■	n	■	d	■	r	■	e
u	n	s	e	r	■	t	ü	r
m	■	■	e	■	e	■	■	v
■	v	o	r	h	a	n	g	■
o	■	l	■	u	■	■	■	g
h	a	i	■	n	e	b	e	l
n	■	v	■	g	■	e	■	a
e	b	e	n	■	s	i	m	s

No. 72

h	a	u	s	■	h	a	a	r
ö	■	h	■	v	■	l	■	a
h	e	r	d	e	■	a	l	t
e	■	■	■	r	■	r	■	e
■	s	c	h	l	a	m	m	■
u	■	h	■	u	■	■	■	e
f	e	e	■	s	o	l	c	h
e	■	f	■	t	■	o	■	e
r	e	s	t	■	ü	b	e	r

Solutions

No. 73

h	u	h	n	■	b	a	n	d
a	■	a	■	f	■	g	■	a
s	e	i	f	e	■	e	i	s
s	■	■	■	h	■	n	■	s
■	s	k	e	l	e	t	t	■
e	■	a	■	e	■	■	■	h
w	e	m	■	n	ü	s	s	e
i	■	e	■	d	■	e	■	m
g	e	l	d	■	h	e	r	d

No. 74

w	e	r	t	■	b	r	o	t
o	■	i	■	m	■	a	■	a
r	o	t	■	u	n	t	e	n
t	■	z	■	s	■	■	■	z
■	g	e	w	i	n	n	e	■
z	■	■	■	k	■	e	■	Ä
w	a	f	f	e	■	b	i	s
e	■	e	■	r	■	e	■	t
i	d	e	e	■	e	n	t	e

No. 75

j	a	h	r	■	h	a	l	b
a	■	u	■	l	■	b	■	l
g	a	t	t	e	■	t	u	e
d	■	■	■	i	■	e	■	i
■	d	r	e	c	k	i	g	■
g	■	u	■	h	■	■	■	f
r	e	h	■	e	n	g	e	l
a	■	i	■	n	■	u	■	u
s	a	g	e	■	s	t	u	r

No. 76

t	i	e	r	■	s	o	h	n
i	■	r	■	z	■	h	■	o
e	i	s	■	w	u	r	s	t
f	■	t	■	e	■	■	■	e
■	g	e	s	i	c	h	t	■
o	■	■	■	f	■	o	■	k
d	a	n	k	e	■	t	u	n
e	■	a	■	l	■	e	■	i
r	u	h	e	■	a	l	l	e

No. 77

k	e	i	n	■	m	a	u	s
l	■	m	■	a	■	x	■	a
a	r	m	■	n	a	t	u	r
r	■	e	■	s	■	■	■	g
■	k	r	a	t	z	e	r	■
o	■	■	■	i	■	h	■	e
m	e	n	g	e	■	r	o	h
e	■	e	■	g	■	e	■	r
n	e	u	n	■	e	n	d	e

No. 78

g	a	n	z	■	a	u	t	o
a	■	i	■	p	■	r	■	a
s	t	e	i	l	■	a	s	s
t	■	■	■	a	■	l	■	e
■	e	t	i	k	e	t	t	■
j	■	a	■	a	■	■	■	r
e	l	f	■	t	e	i	l	e
n	■	e	■	e	■	h	■	u
e	u	l	e	■	i	r	r	e

Solutions

No. 79

```
. t . a . g . v .
p a s s i e r e n
. b . s . t . r .
a l t . h a l l o
. e . k . n . i .
s t i e l . t e e
. t . r . r . r .
v e r z i e h e n
. n . e . h . n .
```

No. 80

```
f e s t . h e m d
r . o . l . i . a
e i n . e i s e n
i . s . i . . . n
. s t u d e n t .
e . . e . a . . i
k a u e n . t o d
e . n . d . u . e
l o s e . e r d e
```

No. 81

```
w a h l . p a a r
e . ö . s . r . u
i c h . k a m i n
ß . l . e . . . d
. k e l l n e r .
o . . e . r . k
b r e i t . b ä r
s . n . t . s . a
t a g e . b e i n
```

No. 82

```
r o s t . k u r z
i . i . s . n . a
s e e l e . t o r
s . . . i . e . t
. b a s t a r d .
f . u . d . . . a
a r t . e i m e r
r . o . m . a . z
n u s s . g i f t
```

No. 83

```
r o s a . f a n g
i . e . t . n . ü
n i e r e . g u t
g . . p . e . e
. d o p p e l t .
e . h . i . . . Ä
w e r . c h e f s
i . e . h . h . t
g a n s . h e x e
```

No. 84

```
t a n z . d e i n
u . a . k . x . o
s e h e n . a x t
t . . . u . k . e
. s c h r i t t .
u . h . r . . . e
f e e . e c k e n
e . f . n . u . d
r e s t . o h n e
```

Solutions

No. 85

d	e	i	n	■	h	a	u	s
o	■	n	■	s	■	u	■	i
r	a	d	■	t	a	s	s	e
f	■	e	■	i	■	■	■	b
■	e	x	p	e	r	t	e	■
a	■	■	■	f	■	a	■	h
l	ö	h	n	e	■	n	e	u
l	■	a	■	l	■	t	■	h
e	n	t	e	■	n	e	u	n

No. 86

k	a	l	t	■	h	a	r	t
i	■	ä	■	z	■	l	■	i
t	u	n	■	w	e	t	t	e
z	■	g	■	e	■	■	■	r
■	g	e	w	i	n	n	e	■
ü	■	■	■	f	■	o	■	s
b	o	h	n	e	■	n	o	t
e	■	u	■	l	■	n	■	u
r	a	t	e	■	m	e	e	r

No. 87

b	e	t	t	■	g	a	s	t
l	■	ü	■	a	■	x	■	i
u	h	r	■	b	i	t	t	e
t	■	m	■	s	■	■	■	f
■	z	e	n	t	r	a	l	■
s	■	■	■	i	■	p	■	e
p	e	r	l	e	■	r	e	h
ä	■	a	■	g	■	i	■	e
t	o	u	r	■	f	l	u	r

No. 88

w	o	r	t	■	h	a	r	t
e	■	u	■	b	■	s	■	ö
i	c	h	■	l	ö	s	e	n
ß	■	i	■	i	■	■	■	e
■	a	g	e	n	t	e	n	■
o	■	■	■	k	■	h	■	e
f	ä	l	l	e	■	r	o	h
e	■	o	■	n	■	e	■	r
n	a	b	e	■	e	n	t	e

No. 89

■	b	■	m	■	a	■	g	■
g	e	l	i	e	b	t	e	r
■	n	■	t	■	z	■	s	■
z	u	g	■	d	u	r	c	h
■	t	■	p	■	g	■	h	■
o	z	e	a	n	■	t	e	e
■	u	■	a	■	p	■	h	■
a	n	k	r	e	u	z	e	n
■	g	■	e	■	r	■	n	■

No. 90

s	e	h	r	■	d	a	n	n
a	■	o	■	k	■	r	■	e
n	o	t	■	i	m	m	e	r
d	■	e	■	r	■	■	■	v
■	f	l	a	s	c	h	e	■
f	■	■	■	c	■	e	■	b
r	e	i	c	h	■	b	e	i
ü	■	h	■	e	■	e	■	s
h	e	r	z	■	g	l	a	s

Solutions

No. 91

w	a	n	n	■	m	o	n	d
e	■	i	■	a	■	s	■	o
s	t	e	i	n	■	t	ü	r
t	■	■	■	t	■	e	■	t
■	s	c	h	w	a	n	z	■
e	■	h	■	o	■	■	■	p
s	e	e	■	r	ä	u	m	e
e	■	f	■	t	■	h	■	c
l	o	s	e	■	f	r	o	h

No. 92

r	o	s	a	■	r	e	u	e
i	■	e	■	s	■	i	■	w
s	i	e	h	t	■	m	a	i
s	■	■	■	e	■	e	■	g
■	s	t	e	u	e	r	n	■
w	■	a	■	e	■	■	■	k
a	r	t	■	r	u	f	e	n
h	■	e	■	n	■	e	■	i
r	a	n	d	■	h	e	x	e

No. 93

g	r	a	b	■	b	l	e	i
i	■	u	■	g	■	i	■	d
e	r	s	t	e	■	e	h	e
r	■	■	■	s	■	b	■	e
■	s	p	i	e	g	e	l	■
p	■	e	■	h	■	■	■	Ä
o	h	r	■	e	t	w	a	s
e	■	l	■	n	■	i	■	t
t	i	e	r	■	v	e	n	e

No. 94

j	a	h	r	■	m	e	h	l
u	■	e	■	t	■	h	■	i
n	e	u	■	s	t	e	i	l
i	■	t	■	c	■	■	■	a
■	s	e	c	h	s	t	e	■
a	■	■	■	ü	■	ü	■	e
f	l	u	s	s	■	r	e	h
f	■	n	■	s	■	m	■	e
e	n	d	e	■	m	e	h	r

No. 95

k	u	r	z	■	d	a	c	h
o	■	i	■	u	■	s	■	i
h	u	t	■	n	ü	s	s	e
l	■	z	■	t	■	■	■	r
■	g	e	f	ä	r	b	t	■
n	■	■	■	t	■	i	■	e
a	b	t	e	i	■	t	o	r
c	■	y	■	g	■	t	■	d
h	u	p	e	■	s	e	h	e

No. 96

t	a	n	z	■	f	a	u	l
o	■	o	■	e	■	b	■	o
u	n	t	e	r	■	z	e	h
r	■	■	■	r	■	u	■	n
■	a	n	z	e	i	g	e	■
e	■	ä	■	g	■	■	■	e
k	u	h	■	e	s	s	e	n
e	■	e	■	n	■	i	■	d
l	a	n	d	■	g	e	h	e

Solutions

No. 97

r	u	h	m	■	b	a	r	t
o	■	a	■	p	■	g	■	u
s	t	i	e	l	■	e	i	s
t	■	■	a	■	n	■	■	t
■	e	t	i	k	e	t	t	■
o	■	ö	■	a	■	■	■	o
m	i	t	■	t	e	i	c	h
e	■	e	■	e	■	h	■	n
n	e	r	v	■	i	r	r	e

No. 98

b	i	e	r	■	n	o	t	e
l	■	n	■	e	■	h	■	n
a	n	g	e	l	■	r	a	t
u	■	■	■	e	■	e	■	e
■	p	r	ü	f	u	n	g	■
a	■	■	a	■	■	■	■	k
u	n	s	■	n	a	g	e	l
c	■	e	■	t	■	u	■	a
h	u	n	d	■	s	t	u	r

No. 99

e	l	f	■	s	a	i	t	e
i	■	u	■	e	■	r	■	i
m	a	r	k	i	e	r	e	n
e	■	c	■	l	■	g	■	■
r	u	h	e	■	s	a	n	d
■	■	t	■	h	■	r	■	a
t	a	b	l	e	t	t	e	n
o	■	a	■	x	■	e	■	k
t	o	r	t	e	■	n	i	e

No. 100

w	o	l	f	■	m	a	n	n
o	■	e	■	s	■	u	■	u
r	a	d	■	t	a	f	e	l
t	■	e	■	ö	■	■	■	l
■	g	r	u	p	p	e	n	■
o	■	■	■	s	■	r	■	e
f	a	l	l	e	■	b	i	s
e	■	o	■	l	■	s	■	e
n	a	b	e	■	h	e	l	l

No. 101

m	o	n	d	■	r	e	s	t
e	■	e	■	s	■	h	■	a
i	c	h	■	k	l	e	i	n
n	■	m	■	l	■	■	■	z
■	b	e	m	a	l	e	n	■
e	■	■	■	v	■	h	■	r
w	e	t	t	e	■	r	a	u
i	■	u	■	n	■	e	■	h
g	ü	t	e	■	k	n	i	e

No. 102

h	e	r	z	■	b	e	i	n
u	■	o	■	s	■	b	■	e
n	e	h	m	t	■	n	e	u
d	■	■	■	e	■	e	■	n
■	v	o	r	h	a	n	g	■
g	■	s	■	l	■	■	■	Ä
r	a	t	■	e	t	w	a	s
a	■	e	■	n	■	i	■	t
s	e	n	f	■	r	e	u	e

Solutions

No. 103

f	e	e	n	■	f	l	o	h
r	■	l	■	e	■	ä	■	u
o	p	f	e	r	■	n	a	h
h	■	■	■	r	■	g	■	n
■	f	l	i	e	g	e	n	■
o	■	e	■	g	■	■	■	e
b	u	s	■	e	s	s	e	n
s	■	e	■	n	■	e	■	d
t	a	n	k	■	v	e	n	e

No. 104

p	o	s	t	■	f	r	e	i
a	■	i	■	a	■	o	■	r
a	b	e	n	d	■	u	h	r
r	■	■	■	r	■	t	■	e
■	s	p	i	e	g	e	l	■
z	■	u	■	s	■	■	■	o
w	e	m	■	s	c	h	a	m
e	■	p	■	e	■	a	■	e
i	d	e	e	■	k	i	n	n

No. 105

k	o	c	h	■	b	e	t	t
i	■	h	■	d	■	n	■	ö
t	u	e	■	r	e	g	e	n
z	■	f	■	e	■	■	■	e
■	t	s	c	h	ü	s	s	■
h	■	■	■	u	■	ä	■	f
a	t	m	e	n	■	t	a	l
a	■	i	■	g	■	z	■	o
r	a	t	e	■	p	e	c	h

No. 106

h	ö	r	t	■	e	b	e	n
o	■	i	■	z	■	e	■	o
h	a	t	■	w	e	i	ß	t
l	■	z	■	i	■	■	■	e
■	g	e	s	e	t	z	e	■
o	■	■	■	b	■	u	■	w
h	e	r	d	e	■	n	i	e
n	■	a	■	l	■	g	■	i
e	n	t	e	■	h	e	i	ß

No. 107

v	i	e	l	■	h	a	l	s
i	■	r	■	s	■	x	■	a
e	i	n	■	t	a	t	e	n
r	■	s	■	r	■	■	■	d
■	s	t	a	a	t	e	n	■
e	■	■	■	f	■	x	■	u
h	ö	h	l	e	■	a	u	f
r	■	u	■	n	■	k	■	e
e	n	t	e	■	s	t	u	r

No. 108

z	ü	g	e	■	j	u	n	g
a	■	u	■	g	■	r	■	o
u	n	t	e	r	■	a	r	t
n	■	■	■	i	■	l	■	t
■	t	a	b	l	e	t	t	■
e	■	n	■	l	■	■	■	b
w	e	g	■	e	i	m	e	r
i	■	e	■	n	■	a	■	o
g	o	l	d	■	g	i	f	t

Solutions

No. 109

	r		o		f		b	
v	e	r	s	t	e	h	e	n
	p		t		e		n	
v	a	t	e	r		t	u	n
	r		n		f		t	
r	a	u		s	e	t	z	e
	t		w		i		u	
a	u	b	e	r	g	i	n	e
	r		r		e		g	

No. 110

b	l	u	t		s	i	m	s
e		h		s		h		i
t	ü	r		k	a	r	t	e
t		e		e				b
	e	n	t	l	a	n	g	
s				e		e		Ä
p	a	p	s	t		b	i	s
ä		u		t		e		t
t	u	r	m		a	l	l	e

No. 111

s	e	i	n		k	Ä	s	e
a		h		b		r		c
l	a	m	p	e		z	e	h
z				r		t		o
	f	l	i	e	g	e	n	
ü		a		i				h
b	a	d		t	a	n	t	e
e		e		s		e		m
r	i	n	g		r	u	n	d

No. 112

f	i	l	m		t	i	e	f
o		o		m		d		r
r	o	b	b	e		e	h	e
t				i		a		i
	s	c	h	n	e	l	l	
e		h		u				m
s	i	e		n	e	h	m	e
e		f		g		a		e
l	o	s	e		t	i	e	r

No. 113

d	i	n	g		s	e	n	f
a		a		Ö		r		o
s	c	h	a	f		b	ä	r
s			f		s			m
	t	r	i	n	k	e	n	
r		i		u				k
e	h	e		n	a	t	u	r
u		s		g		u		a
e	h	e	r		f	e	i	n

No. 114

s	o	l	c	h		t	u	t
e		a		ö		o		i
e	r	n	ä	h	r	u	n	g
		d		e		r		e
e	c	k	e		g	i	e	r
i		a		d		s		
s	e	r	v	i	e	t	t	e
e		t		n		e		n
n	i	e		g	e	n	u	g

Solutions

No. 115

b	i	e	r	■	b	u	r	g
a	■	i	■	r	■	n	■	o
l	ä	n	g	e	■	t	u	t
d	■	■	g	■	e	■	■	t
■	s	t	e	u	e	r	n	■
t	■	a	■	l	■	■	■	g
a	s	s	■	ä	r	m	e	l
x	■	s	■	r	■	a	■	a
i	d	e	e	■	e	i	n	s

No. 116

k	i	t	z	■	m	o	p	p
a	■	a	■	e	■	z	■	o
m	a	l	e	r	■	e	i	s
m	■	■	d	■	a	■	■	t
■	w	o	h	n	u	n	g	■
e	■	r	■	u	■	■	■	h
w	e	g	■	s	ä	t	z	e
i	■	a	■	s	■	e	■	i
g	a	n	z	■	w	e	i	ß

No. 117

d	r	e	i	■	d	e	i	n
o	■	l	■	e	■	x	■	a
r	u	f	e	n	■	a	r	m
f	■	■	t	■	k	■	■	e
■	t	a	b	l	e	t	t	■
k	■	p	■	a	■	■	■	g
o	h	r	■	n	e	f	f	e
h	■	i	■	g	■	e	■	l
l	i	l	a	■	h	e	r	d

No. 118

w	u	r	m	■	r	o	s	t
a	■	o	■	s	■	s	■	u
n	e	h	m	t	■	t	ü	r
d	■	■	i	■	e	■	■	m
■	d	i	a	m	a	n	t	■
e	■	r	■	m	■	■	■	e
b	ä	r	■	e	h	r	e	n
e	■	e	■	n	■	a	■	t
n	e	r	v	■	a	u	g	e

No. 119

r	e	i	s	■	f	l	u	g
a	■	n	■	a	■	o	■	e
u	n	s	■	g	a	b	e	l
m	■	e	■	e	■	■	■	b
■	b	l	i	n	k	e	n	■
o	■	■	t	■	b	■	■	h
b	i	e	n	e	■	n	e	u
e	■	i	■	n	■	e	■	p
n	u	s	s	■	k	n	i	e

No. 120

w	a	h	l	■	t	i	e	r
e	■	ö	■	m	■	h	■	i
i	h	r	■	a	t	m	e	n
n	■	e	■	t	■	■	■	g
■	k	n	u	r	r	e	n	■
e	■	■	o	■	r	■	■	v
k	u	b	u	s	■	b	e	i
e	■	u	■	e	■	s	■	e
l	o	s	e	■	t	e	i	l

Solutions

No. 121

a	u	t	o	█	k	u	r	z
f	█	u	█	a	█	n	█	ü
f	r	e	m	d	█	t	a	g
e	█	█	█	r	█	e	█	e
█	a	n	t	e	n	n	e	█
z	█	a	█	s	█	█	█	p
w	i	r	█	s	e	t	z	e
e	█	b	█	e	█	ü	█	c
i	d	e	e	█	f	r	o	h

No. 122

h	a	u	s	█	l	o	c	h
e	█	n	█	s	█	h	█	i
r	o	t	█	k	a	r	t	e
r	█	e	█	e	█	█	█	r
█	g	r	i	l	l	e	n	█
ü	█	█	█	e	█	r	█	h
b	r	a	u	t	█	s	i	e
e	█	x	█	t	█	t	█	m
n	o	t	e	█	f	e	l	d

No. 123

t	u	t	█	d	u	r	s	t
r	█	a	█	a	█	u	█	e
a	u	b	e	r	g	i	n	e
u	█	l	█	m	█	n	█	█
m	e	e	r	█	d	i	n	g
█	█	t	█	g	█	e	█	ä
e	n	t	f	ü	h	r	e	n
i	█	e	█	t	█	e	█	g
n	o	n	n	e	█	n	i	e

No. 124

f	e	l	s	█	s	a	r	g
r	█	i	█	ü	█	u	█	a
a	s	s	█	b	a	s	i	s
u	█	t	█	e	█	█	█	t
█	g	e	f	r	a	g	t	█
b	█	█	█	a	█	a	█	Ä
e	n	g	e	l	█	b	i	s
r	█	u	█	l	█	e	█	t
g	o	t	t	█	a	l	l	e

No. 125

k	o	r	b	█	k	a	m	m
i	█	e	█	g	█	r	█	e
t	a	g	█	l	a	m	p	e
z	█	a	█	o	█	█	█	r
█	f	l	u	c	h	e	n	█
o	█	█	█	k	█	h	█	o
b	i	e	n	e	█	r	e	h
s	█	n	█	n	█	e	█	n
t	a	g	e	█	e	n	t	e

Made in the USA
Middletown, DE
16 June 2019